작은
'한국전쟁'들

평화를 위한 비주얼 히스토리

작은 '한국전쟁'들 —

강성현 지음

푸른역사

## 일러두기

1. 이 책은 《한겨레 21》에 연재한 '사진 속 역사, 역사 속 사진'의 연재 글, 학술회의와 학술저널에서
   발표한 글들을 수정·보완한 원고에 새로 집필한 원고를 더해 구성한 것이다.
2. 이 책에 사용된 사진·문서·지도는 필자와 전갑생 연구원이 미국 국립문서기록관리청NARA에서
   직접 조사·수집하거나 국사편찬위원회, 국가기록원 등 국내 자료기관이 수집·소장하고 있는 것이다.
   이 자료들의 원 출처는 NARA이므로, 별도로 표기하지 않는다.
3. 사진 설명에서 큰 따옴표(" ")로 서술한 것은 당시 사진병이나 사진 생산조직이
   작성했거나, 그 이후 사진을 소장한 자료기관이 작성한 것이다.
   큰 따옴표 없이 서술한 것은 본인이 작성한 것이다.
4. 인명과 지명은 원어 발음에 가깝게 표기한다.

## | 1 |

2007년 여름이었습니다. 미국 국립문서기록관리청NARA 스틸사진
실에서 한국전쟁 사진들을 만났습니다. 육군·해군·공군·해병대 그
리고 공보 등 민간에서 생산한 한국전쟁 사진들이 상상을 초월하는
규모로 있었습니다.

흥미로운 건 사진 뒷면에 사진의 생산과 관리, 내용 정보 등이 수
기로 적혀 있거나 타이핑되어 있었다는 점이었습니다. 사진 캡션은
여러 종류였습니다. 같은 사진인데 정보와 내용 설명이 조금 바뀐
것도 있었습니다. 자초지종을 알게 된 건 나중이었습니다. 한국전쟁
사진 활동(작전) 야전교범을 발굴해서 보니 전장에서 사진병이 어떻
게 사진을 찍고 피사체를 수첩에 수기로 기록하며 (1차) 캡션을 수기
또는 타이핑해서 남기는지 알 수 있었습니다. 이 사진들은 도쿄(맥
아더총사령부)로 옮겨져 재분류되면서 다시 캡션이 만들어졌습니다.

미 본토(뉴욕 미육군사진센터 등)로 보내진 이후에도 마찬가지였습니다. 사진들이 심리전 등 여러 목적으로 활용되면서 이른바 2차 캡션이 만들어진 것이었습니다. 한국전쟁 관련 미 육군 사진앨범만 수백 권이 만들어졌습니다. 이 앨범의 사진 캡션이 바로 2차 캡션에 해당합니다. 그 이후에도 사진 캡션은 다시 한번 만들어집니다. 사진들이 NARA로 이관되면서 관리 차원에서 새로 작성된 것입니다.

같은 사진 이미지인데 캡션 정보와 내용 설명에 왜 변화가 생긴 것인지에 대해 천착하자, 사진 이미지가 보여주는 세계와 또 다른 세계가 펼쳐졌습니다. 사진 속 피사체를 포착한 사진병의 시선과 이 사진을 심리전 등의 목적으로 활용하려는 2차 캡션 작성자의 시선 간에 존재하는 차이의 의미가 무엇일지 생각하는 건 정말 흥미진진한 일이었습니다. 이 시선들을 깊이 있게 이해하기 위해 사진병의 사진 활동 보고서나 심리전 담당자들의 작전 보고서를 교차 분석하거나 사진 속 피사체와 관련한 이야기를 파고들자 사진으로 보는 한국전쟁이 너무나 매력적으로 다가왔습니다.

보조 이미지 자료로 쓸 약간의 사진을 수집해보자는 처음의 생각은 완전히 지워졌습니다. NARA에서의 조사·수집 목표와 방법을 사진에 초점을 맞춰 변경하고, NARA에 올 때마다 전체 조사 시간의 50퍼센트 이상을 사진 분석에 할애했습니다. 한 워크숍 자리에서 본격적인 연구로 발전시켜보겠다고 연구 개요를 발표한 것이 2011년이었습니다. 그때 함께 발표했던 이임하 선생님이 한국전쟁과 '삐라'에 대해 연구하겠다는 포부를 밝혔던 것이 기억납니다. 그래서 제가 수집·소장한 '삐라'와 관련 자료를 내주기도 했습니다. 다음 해 《적을 삐라로 묻어라》(2012)가 출판되었을 때, 너무 기쁘면서도 초조하기도 했습니다. 한국전쟁 사진에 대한 책을 출판하기 위해서는 추가 작업이 필요했기 때문입니다. 그러던 차에 은사님인 정근식 선생님과 마음이 통했습니다. 정 선생님 추천으로 서울대 통일평화연구원의 연구기금을 지원 받아 NARA에서 함께 작업할 수 있었고, 선생님과 나의 자료와 연구 성과들을 합칠 수 있었습니다. 그 결과물이 사진병의 시각/사각을 통해 본 한국전쟁의 역사, 그리고 한국전쟁 기억과 재현의 역사에 대한 연구서 《한국전쟁 사진의 역사사회학: 미군 사진부대의 활동을 중심으로》(2016)입니다.

## | 2 |

2017년 가을이었습니다. 《한겨레21》 길윤형 편집장에게 '사진 속 역사, 역사 속 사진' 연재 기획안을 보냈습니다. 미국 NARA에서 자료 조사와 연구 방법을 가르쳐준 '스승'이자 오랫동안 현대사를 함께 공부한 김득중 선생님과 의기투합하여 제안한 연재 기획이었습니다.

《한국전쟁 사진의 역사사회학》에서 충분히 다루지 못한 다양한 주제들을 중심으로 대중적인 글쓰기를 하고 싶었습니다. '작은 한국전쟁들'이라는 문제의식으로 한국전쟁의 시간적 범위를 확장시키고, 영웅신화를 탄생시킨 전투사 이면의 사각을 들여다보고, 전쟁사에서 거의 누락된 존재들의 목소리를 복원하려 애썼습니다.

연재는 2017년 12월부터 시작해 2020년 4월에 끝을 맺었습니다. 총 32회 연재 중 제가 22회를 썼고, 그 밖에 특별기획 글 2개를 추가로 썼습니다. 연재 글의 초고와 완고는 성공회대에서 2018년부터 개설한 교양필수 강의 '인권과 평화'와 사회학 전공 강의 '한국 사회의 구조와 변동'에서 매 학기마다 활용했습니다. 학생들의 진솔하고 예리한 지적과 생각은 글을 다듬는 데 도움이 되었습니다. 이 책을 출간하기 위해 지난해 2학기와 올해 1학기 '인권과 평화' 강의에서 연재 글을 수정·보완한 원고와 새롭게 추가 작성한 원고로 수업을 진행했습니다. 이번에도 메모 과제에서 개진된 학생들의 의견은 최종원고를 수정·보완하는 데 힘이 되었습니다.

이 책에는 성공회대 국제문화연구학과 박사과정 제자인 최선영과 함께 쓴 글도 실려 있습니다. 최선영은 용산의 전쟁기념관을 주제로 훌륭한 석사논문을 쓴 바 있는데, 나는 이 논문을 지도하고 심사하면서 연을 맺을 수 있었습니다. 그 후 공동 연구를 통해 대한민국역사박물관 정기간행물인 《현대사와 박물관》(제2권, 2019. 12. 30)에 〈평화사와 공공역사의 관점으로 본 전쟁기념관〉을 실었습니다. 최선영의 허락을 받고 원래 글을 축약 수정해서 책 말미에 포함시켰습니다.

부족한 제 글을 아끼고 격려해주며 피드백해주는 '진짜' 선생님들이 있습니다. 학생들 앞에서 누구보다도 프로페셔널한 교사이고, 전문연구자이기도 한 전국역사교사모임 선생님들입니다. 가끔 이분들 앞에 강의자로 나서는데, 활발한 질문과 토론으로 제게 많은 고민거리와 과제를 안겨줍니다. 제게 공유해주었던 역사교육과 평화교육에 대한 생각들은 이 책을 쓰는 데 밑거름이 되었습니다.

| **3** |

이 책을 출간하기까지 이렇게 많은 분들의 지원과 도움이 있었습니다. 모든 분들에게 깊은 감사를 드립니다. 존함을 일일이 거론하지 못하지만 제 마음에 깊이 새기고 있습니다.

한국냉전학회와 성공회대 동아시아연구소 동료 선생님들에게도 감사의 말씀 전합니다. 냉전학회 신종대 회장, 동아시아연구소 백원담 소장 이하 학회와 연구소 선생님들은 제 연구와 활동에 깊은 관심과 배려를 보내주었고, 물심양면으로 버팀목이 되어주셨습니다. 특히 연구소 냉전평화연구센터 전갑생 선임연구원은 이 책에 포함된 사진 제공에 큰 도움을 주었고, 아이디어를 글로 풀어갈 때 언제든 말벗이 되어주었습니다. 특별히 감사의 말을 전합니다. 어려운 출판 환경에도 언제든 저의 책 출간 계획에 관심과 격려로 화답해주는 푸른역사 박혜숙 대표님, 대중적 스토리텔링과 글쓰기의 과제를 환기시켜주고 마음으로 상담해주는 전성원 황해문화 편집장에게도 감사의 마음 전합니다.

마지막으로 내 글의 첫 독자이자 조언을 아끼지 않는 연구와 실천의 반려자 서화와 아빠의 글이라면 어렵더라도 무조건 독자로서 응답해주는 홍과 별이에게 고마움을 전합니다.

2021년 6월 6일
강성현

# 다른, 전쟁을 쓰다,
# 역사를 찍다

사진은 한때 나에게 이미지에 불과했다. 문서자료로 구성된 역사를 간단하게 시각적으로 보여주는 자료 말이다. 역사책에 삽입되는 이미지처럼 '역사의 한 장면'을 정지 화면처럼 포착하면 충분하다 여겼다. 그러나 미국 메릴랜드주 컬리지팍에 소재한 국립문서기록관리청NARA 2관의 사진실을 둘러본 뒤 내 생각은 완전히 변했다.

무거워진 눈과 머리를 쉬게 할 요량으로 문서실에서 나와 엘리베이터를 타고 사진실로 들어가 사진 상자들을 신청하고 그 자리에 눌러앉아 사진 수백 장을 단숨에 들여다본 기억이 아직도 생생하다. NARA 사진실은 상상력의 보물창고 같은 곳이었다. 하나같이 '역사의 한순간'이라 할 만한 스틸 사진 수백 장을 보고 나면, 오래된 극장에서 옛날 영화를 본 듯한 착각이 들었다. 간혹 사진의 인쇄 상태, 사진 프레임과 시선이 조잡하고 아마추어 같았지만, 그 시대, 그 장소, 그 사람들을 생생히 느끼게 해줬다.

사진의 파노라마 속에서 몇몇 '정지' 사진은 또렷하게 내 머릿속에 각인됐다. 그때마다 피사체의 사연이, 그것을 포착한 사진가의 의도와 생각이 궁금했다. 스틸 사진이 생산된 맥락에 관심을 가지게 됐다. 사진 해설 정보에서 누가(사진가나 사진조직), 언제, 어디에서, 무엇을 찍었고, 어떤 내용으로 기록했는지 일차 정보를 확인하기 시작했다. 어떤 의도와 목적으로 촬영했는지, 그 배경이 무엇인지는 관련 문서나 구술자료를 발굴해 교차 확인을 거쳐야 더 분명해질 수 있었다. 어느새 나는 사진을 자료 자체로 분석하고 있었다.

  사진실에서 주로 본 사진들은 1945년 9월 미군 '진주' 뒤 한국전쟁으로 이어지는 수많은 '한 장면'이었다. 이제는 역사의 명장면이 된 사진들도 있지만, 아직 역사화하지 않은 장면도 많다. 이 사진들 대부분은 민간 전문사진가가 아닌 군 사진병이 찍은 것이다.

  수만 장의 사진이 펼쳐내는 파노라마를 따라가다 보면, 1950년 6월 25일 새벽 '순간'은 북한의 전면 남침이라는 국면의 개시에 불과했다는 걸 절감하게 된다. '6·25전쟁'은 해방과 분단으로 시작된 '작은 전쟁'들의 귀결이었다는 걸 시각적으로 확인하게 된다.


## '작은 전쟁'들 그리고 '또 다른 전쟁'들


'8·15해방'에 이은 9월 8, 9일 미군의 진주 장면은 이 땅의 주인이 일본군에서 미군으로 바뀌었음을 보여준다. 일제 기마경찰이 인천에 상륙해 경성(서울)으로, 조선총독부로 오는 미군을 환영하는 수천 명의 한국인 인파들을 통제했다. 일본의 항복 조인식 후 일본기가 내려가고 성조기가 올라갔던 건 미군의 '점령 관리'가 시작됐음을 재현한다. 미국 '존 Zone'과 북쪽에 진주한 소련의 '존'을 구별하는 건 38선 표지판이었다.

그렇게 38선을 중심으로 한반도가 분할되었다. '38선'을 결정한 건 '졸속(설)'이었는지 모르겠으나, 한반도 분할을 결정한 건 갑작스럽게 이루어진 게 아니었다. 1943년 미·영·중의 카이로 선언은 한국을 '적절한 시기in due course'에 독립시킬 것을 결의했지만, 뒤이은 테헤란 회담과 얄타 회담에서는 한국을 미·소·영·중이 신탁통치하기로 결정했다. 그 방법으로 일본군 무장해제와 함께 분할점령이 전개되었던 것이다. 그러나 모스크바 3상회의 직후 미·소는 반탁/찬탁으로 쪼개지고 화약고 앞에서 불씨가 당겨진 것 같은 한반도 상황을 마주해야 했다. 1947년 7월을 넘기면서 미국은 모스크바 3상 결의를 폐기하고 한국 문제를 유엔으로 이관했다. 미국은 사실상 남한만의 단독선거를 통한 단독정부 수립안을 염두에 두고 있었다. 이렇게 38선 분할은 한반도 전체의 독립이 아닌 38선 이남에서 반쪽짜리 정부의 탄생으로 귀결되었고, 뒤이어 38선 이북에서도 또 다른 반쪽짜리 정부가 만들어졌다.

두 분단 정부의 수립은 분단을 반대하는 정치·사회 집단을 적대하는 내전이 더 유혈적인 양상으로 전개될 것임을 예고하는 것이었다. 남한 단독의 '5·10총선거' 반대와 친일경찰의 청산을 요구한 제주도민들에게, 주한미군정에 이어 이승만 정부는 제주 섬 전체를 고립시키고 '초토화작전'이라는 대량 폭력을 자행했다. 제주 진압을 거부한 여수 주둔 14연대의 봉기가 전남 동부 지역으로 확산된 것에 대해서도, 이승만 정부는 김구와 공산주의자 연계라는 음모론을 제기하는 한편, 봉기가 확산된 지역 전체를 '폭도'로 만들고 적대적으로 토벌했다. 계엄법 없는 계엄 선포가 일제 계엄령의 경험 속에서 이루어졌고, 그 결과 민간인 주민에 대한 불법적인 즉결 처형과 대량 학살이 법의 이름으로 자행되었다. 여순사건의 여파로 제정된 국가보안법은 '평시의 계엄법'으로 기능했고, 이를 운용하는 사상검찰은 경찰과 헌병대·방첩대와 경쟁하며 숱한 '관제 빨갱이'들을 만들어냈다.

1950년 6월 25일 새벽 북한의 남침으로, 그렇게 만들어진 '관제 빨갱이'들은 대량으로 죽음의 문턱을 넘어섰다. 이승만 정부는 남침한 적 북한군에게 급격하게 밀리는 와중에도 후방의 잠재적 적으로 간주한 자국민과 민간인 피란민들을 구금하고 심지어 죽음의 구덩이로 몰아넣었다. 김일성 정권도 다르지 않았다. 전쟁 초기 이승만 정부와 미군의 만행을 선전전으로 고발했던 그들도 전황이 뒤바뀌면서 군경 가족과 우익 가족을 중심으로 민간인 학살을 자행했다. 소위 '반동분자'에 대한 처리는 38선 이남뿐 아니라 이북의 주민들에 대해서도 잔인한 방식으로 진행되었다.

민중들은 태극기와 인공기를 오가며 살아남고자 만세를 불렀지만, 두 분단 정부는 결코 그걸 허용하지 않았다. 1950년 10~12월 한반도 전체에서 '부역자' 처벌과 학살의 광풍이 몰아쳤다. 여기에서 살아남더라도 많은 경우 국가에 의해 보호받지 못한 채 버려지는 처지를 벗어나지 못했다.

낙동강 방어선을 지켜낸 백선엽 장군의 다부동 전투, 전황을 일거에 뒤집은 맥아더 장군D. MacArthur의 인천상륙작전, 유엔군보다 빨리 이루어진 한국군의 38선 돌파, 10만 자유 피란민을 구원한 흥남철수작전 같은 전쟁 영웅과 전투사를 중심으로 쓰는 전쟁 이야기에서는 가려진 '또 다른 전쟁'의 실상이라 할 수 있다.

## 미군 사진병, 역사를 찍다

미군의 작전이 전개된 곳에는 사진병이 함께했다. 한국에서 활동한 미군 사진부대와 사진병은 아시아·태평양전쟁 시기에는 중국-버마-인도 전역과 필리핀, 오키나와 등지에서 활약했다. 그들은 전선에서 전투와 점령 활동뿐 아니라 점령군의 군정·민사 활동, 점령지의 전쟁 및 전후 일상을 찍었다.[1]

한국전쟁 초기 한국에서 활동한 턴불C. R. Turnbull 병장이 찍은 사진들. 무엇보다 그가 찍힌 사진이 깊은 인상을 남겼다. '사진부대', '사진병', '사진(작전) 활동'이란 단어가 아주 생소할 때 이 사진들을 보았다. 그 가운데 〈사진 1〉은 도로에서 카메라를 조작하는 턴불 병장의 모습을 포착했다. 누가 어디에서 어떤 목적으로 그를 찍었을까?

턴불은 댄젤R. Dangel 상병, 행콕R. L. Hancock 일병과 함께 1950년 6월 28일 오후 수원비행장을 통해 한국에 들어왔다. 이튿날인 6월 29일 아침 일본 도쿄에 머물던 맥아더 총사령관이 참모들과 전선 시찰차 내한했는데, 턴불은 선발대로 들어왔다. 카메라 앞에 나서길 즐겼던 맥아더의 직속 사진부대(71통신대 A중대 사진대) 사진병이었다. 맥아더가 공식석상에 거의 언제나 사진병을 대동해 자신을 중심으로 '멋진 장면'을 남기려 애썼던 것은 유명한 일이다.[2]

〈사진 1〉
71통신대 A중대 사진대 턴불 병장.
(1950. 7. 7).

맥아더 일행은 일본으로 돌아갔지만 턴불·댄젤·행콕은 남았고, 한국에 급파된 미 24사단의 예하 부대를 따라가며 '임무'(사진 촬영)를 수행했다. 7월 20일 대전 시가지 전투에서 다쳐 일본으로 후송될 때까지 턴불은 대전과 경기도 평택 사이를 오르내리며 생사를 넘나들었다.[3]

사진 속 턴불은 충남 조치원과 천안 사이 1번 국도 어디쯤에 있다. 댄젤과 행콕 중 한 명이 자신들의 활동 기록을 위해 턴불을 찍었을 것이다. 비공식적인 사진 촬영일 수도 있다. 사진병들이 남긴 사진 가운데는 '셀카'(셀피)처럼 서로를 찍은 모습이 제법 있다. 내 관심을 끈 것은 턴불이 들고 있는 카메라다. 그라플렉스사의 '컴배트 그래픽 45' 기종이다. 제2차 세계대전 말기에 썼던 목측目測식 카메라로, 촬영자가 눈으로 거리를 측정하고 렌즈를 손으로 빼서 피사체와의 거리를 눈으로 측정한 다음 노출계를 이용해 조리개와 셔터스피드를 맞춰가며 찍는다. 카메라 상단부에 직각으로 휘어진 가느다란 철사를 당기며 감각적으로 찍는 것이다. 상륙작전용 카메라로 알려졌는데, 왜 턴불이 이 사진기를 육상 전쟁터에 들고 다녔는지 짐작만 할 뿐이다.

보병에게 총이 그렇듯 그에게 이 카메라는 손에 익은 분신이었을 것이다. 이 무거운 카메라를 들고 전쟁터 한복판에서 명장면이 될 만한 역사의 한순간을 포착한 것은 경이롭다는 말로도 부족하다. 맥아더의 한강 전선 시찰 모습, 대전역에 도착한 스미스 부대의 이동, 금강교 폭파, 특히 대전 시가지 전투에서 철모도 벗어버린 채 브라우닝 기관총을 뿜어대는 미군 병사를 포착한 장면은 빗발치는 총알을 피하는 데 신경 쓰지 않고 촬영한 것임을 알 수 있다(〈사진 2〉).

〈사진 2〉
대전 시가지 전투 중인
미군 병사.

# 전쟁 넘어 일상생활 순간도 포착

이 책에서 주로 다루는 스틸 사진은 바로 사진병들이 찍은 전쟁사진이다. 제2차 세계대전 이후부터 군은 전술부대의 전투 활동을 지원하는 전투사진, 군의 인사 증명, 공보용 뉴스사진, 영화, 역사 기록, 심리전 프로젝트 등을 위해 미 육·해·공군 산하 부대에 사진병 조직을 만들고 확대했다. 민간의 직업사진가들을 소집하거나 비사진가를 훈련해 사진병으로 동원했다. 사진은 그 자체로 전쟁기계의 필수 부분으로 완전히 통합되었다. 또한 이러한 공식적 사진 활동의 결과가 아닌 사진병 개인의 비공식적 관심과 흥미에 의해 촬영되는 경우도 많았다. 이때에는 개인 휴대용 카메라가 사용되었다.

작전으로서 사진 촬영은 스틸 사진가와 영상 카메라맨이 한 유닛을 구성해 이루어졌다. 예컨대 아시아·태평양전쟁 때 중국·버마·인도 전쟁터에서는 미 육군 164통신대사진중대 사진병들이 크게는 파견대로, 작게는 소규모 유닛으로 팀을 구성해 활동했다.

이 책에서 다루는 해방 뒤 한국전쟁기에 이르는 사진들은 하지J. R. Hodge 중장의 제24군단 소속 123통신사진파견대, 주한미군정의 502통신사진파견대, 맥아더 총사령관의 71통신대 A중대 사진대와 미8군 및 예하 각 군단과 사단 배속 사진대, 주한미군사고문단의 사진병들이 찍은 것이다.

군의 사진작전으로 생산된 한국 관련 사진, 특히 전쟁사진은 아주 방대하다. 우선 양이 압도적으로 많다. NARA 사진실에만 10만 장 넘는 한국전쟁 관련 사진자료가 있다. 무엇보다 이 전쟁사진 아카이브는 서울 중심성과 특정 주제 편향성에서 벗어나 있고, 사진 속 피사체가 군에 국한되지 않고 다양해 질적으로 높이 평가할 만하다. 서울부터 제주도에 이르는(심지어 한국전쟁 '북진' 시기 평양, 진남포, 함흥, 흥남, 원산 등) 한국의 주요 지역은 물론 아시아 지역들로 '트랜스-로컬'하게 넘나들며 찍은 사진들이다. 군의 전투, 작전, 군정, 일반 정치 상황뿐 아니라 다양한 사회 문제와 문화, 일상생활의 순간까지 포착했다.

순간 포착의 목적이 기록, 선전, 그 밖의 무엇이든 피사체가 보여주고 들려주는 이야기에 온전히 주목할 필요가 있다. 그럴 때만이 빈약하고 듬성듬성 구성된 공식 역사의 빈틈을 풍부하게 메워가며 진실에 접근할 수 있다. 어떤 사진들은 여전히 대한민국 공식사史에서 환영받지 못하거나 심지어 부정되지만, 머잖아 역사의 수면 위로 떠오를 새로운 이야기를 간직하고 있지 않을까?

## 어디선가 '처형'됐을 소년 정치범들

이 사진들(〈사진 3〉, 〈사진 4〉)이 그렇지 않을까? 처음 내 눈을 사로잡은 건 묘한 긴장감을 주는 사람들이다. 경계하는 경찰과 한국군이 보이고, 앳된 소년들이 납작 엎드리듯 앉아 있다. 더위와 기다림에 지친 것일까? 두세 명만이 카메라를 의식할 뿐 대부분 걱정과 두려움 가득한 얼굴로 고개를 숙이거나 다른 곳을 살피고 있다. 이곳은 어디이고, 이들은 누구일까? 1950년 6월 29일 행콕은 이들을 '북한군 포로'로 착각하고 포착했다.[4]

22

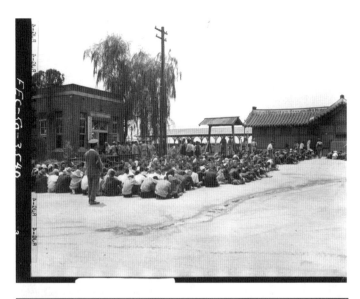

〈사진 3〉·〈사진 4〉
수원역 앞에서 이감 중인 소년 정치범들.

한눈에 봐도 심상치 않은 이 사진 속 장소를 알아내기 위해 고성능 스캔을 시도했다. 프레임 후경의 건물은 분명 기차역인데 어딘지 특정할 수 없었고, 그러던 차에 왼쪽 건물의 세로 현판이 눈에 띄었다. 고성능 스캔 덕분에 '수원경찰서 역전경찰관파출소'라는 글자를 판독할 수 있었다. 장소는 수원역이었다. 이날 수원역 앞에 북한군 포로가 있다는 것은 말도 안 된다는 사실도 함께 말이다.

이들은 인천소년형무소에서 후방의 다른 형무소(대전형무소)로 이감 중이던 이른바 사상 관계 소년범들로 판단된다. 한국 정부에 의한 형무소 재소자 학살 관련 증언과 연구에 따르면, '제주4·3사건'과 '여순사건'이라는 거대한 소용돌이에서 많은 사람이 자신도 알지 못하는 이유로 약식 군법회의를 거치거나 재판 절차도 없이 형무소로 끌려왔다. 죄목과 형기를 형무소에 와서야 아는 경우가 횡행했다. 인천소년형무소에는 단기형을 받은 제주4·3사건 관계 소년범이 많았다.

이와 관련해 양일화 할아버지가 수원역 광장에서 꿇어 앉아 있던 당시 상황을 증언한 바 있다. 그는 1948년 11월 20일(16세 때) 제주읍 친척 집으로 가다가 서문다리 인근에서 대한청년단에게 잡혔는데, 무장대를 도왔다는 혐의를 억울하게 뒤집어쓰고 경찰서에서 끔찍한 고문을 받았고, 12월 27일 군법회의에서 형법상 내란죄로 징역 5년을 받아 인천소년형무소로 보내졌다 한다. 그렇게 871명의 제주도 주민들이 형무소로 보내졌는데, 인천소년형무소로 보내진 소년범들은 166명이었다 한다.[5]

문제는 1950년 〈재소자 인명부〉, 〈재소자 인원일원표〉, 〈교정통계표〉 등 어떤 관련 자료에도 이들의 이감 기록을 찾아볼 수 없다는 거다. 이들은 개전 직후 이감 과정에서 사라졌다. 그것이 무엇을 의미하는지는 나는 분명히 안다. 양일화, 현창용 할아버지 경우처럼 천신만고 끝에 살아남기도 했지만, 일부는 불법적으로 어디에선가 '처형'됐을 것이다. 설령 이들이 대전형무소로 무사히 옮겨졌더라도, 7월 초중순 내내 진행된 대전 인근 산내 골령골에서의 '처형'은 피할 수 없었을 것이다. 이들이 행콕 일병에 의해 시각화되고, 이후 검열되지 않고 전쟁이 한창이던 1951년에 출간된 사진집에 실리게 된 것은 북한군 포로로 오인됐기 때문이다.[6]

흥미롭게도 주한미군사고문단 사진장교 윈슬로F. J. Winslow 중위도 6월 30일 수원역 같은 장소에서 같은 피사체에 시선을 빼앗겨 거의 같은 구도의 사진을 찍었다. 그런데 윈슬로는 이들을 '북한군 포로'가 아닌 피란 가기 위해 기차를 기다리는 '남한 민간인'으로 인식했다. 적군 포로가 아닌 민간인으로 본 점에서 윈슬로가 더 정확했지만, 어째서 이들을 피란민이라고 생각했을까? 윈슬로의 사진 속 경찰들의 경계 속에 있는 사람들의 모습은 어디론가 끌려가는 전형적인 모습이다. 전쟁 전부터 한국에서 사진 활동을 했고, 한국인에게 인도주의적 시선을 담은 사진을 많이 남긴 그가 정말 착각했던 것일까? 착각보다는 검열이었을 것이다. 이 사진 뒷면에 찍힌 '배포 불가not released' 표시가 이를 뒷받침한다.[7]

영상도 발굴되었다.[8] 스틸 사진병인 턴불 병장, 댄젤 상병, 행콕 일병과 함께 들어온 포스노트Wallace Fosnaught 상병이 동료들과 같은 동선으로 이동했다. 따라서 같은 날 같은 장소에서 같은 피사체를 찍었다(〈사진 5〉, 〈사진 6〉).

그가 찍은 영상(〈사진 7〉, 〈사진 8〉)에도 수원역 앞에서 이감 중인 소년 정치범과 이들을 삼엄하게 경계하며 총을 든 경찰들이 포착돼 있다. 두

〈사진 5〉·〈사진 6〉
포스노트 상병이 포착한
소년범들.

〈사진 7〉·〈사진 8〉
수원역 앞에서 이감 중인
소년 정치범들.

손으로 머리를 감싸는 모습에서 초조함과 두려움의 감정이 느껴진다. 땡볕에 지치고 목이 말라 몇몇은 머리를 천 쪼가리로 가려봤지만 갈증이 가시지 않아 보인다. 앳된 얼굴의 한 소년 정치범은 물을 주는 사람에게도 경계심이 가득하다.

수원역 앞에선 이들뿐 아니라 국군과 경찰 패잔병이 병력을 수습하고, 다시 전선 투입을 준비하고 있었다. 정치범의 표정과 달리 군경은 계속 패퇴하는 전황 때문인지 전체 분위기가 어수선하면서도 무거워 보이긴 했지만, 무기력감이 느껴지진 않았다. 미군의 신속한 참전 소식을 들었기 때문일 것이다.

## 책의 주제와 구성

사진은 있는 그대로의 현실일까? 카메라에 포착된 현실은 전체 현실 중 일부만 보여준다. 사진에는 사각死角이 존재하며, 어떤 현실은 감춰진 채 해석되지 않는다. 사진의 '시각'과 '사각'은 사진을 찍는 주체의 위치에 따라 구조적으로 결정된다.

사진 생산자(촬영자) 등 생산 정보가 제공되지 않는 상태에서 이루어지는 사진 분석은 사실상 사진 이미지에서 재현되는 일면적인 시각 분석에 그칠 수밖에 없다. 사진 이미지들이 탈맥락화된 채 사용되거나, 심지어 내용 설명의 왜곡과 오류가 끊임없이 재생산되고 있는 건 이러한 이유에서다. 이런 상황에서 시급히 요청되는 건 사진의 생산자 및 생산 정보를 정확하게 규명하는 것이다.

이 책에서는 사진 이미지에 대한 재현 분석 또는 수용자 분석에 그치지 않고, 사진의 생산 맥락을 부각시키면서 사진 속 시각과 사각을 끄집어내 사진 속 역사, 역사 속 사진 이야기를 풀어낼 것이다. 사진 속 인물·사건·장소 등의 역사를 사진을 중심으로 이야기할 것이다. 또한 역사에서 한 장의 사진이 어떤 사건과 파장을 만들어냈고 역사화되었는지도 이야기할 것이다.

이 책은 주로 한국전쟁 사진을 대상으로 삼는다. 한국전쟁 사진은 1950년 6월 25일 이후의 사진만을 의미하는 건 아니다. '6·25전쟁' 이전의 사진들을 가만히 들여다보면, 그날로 시작돼 약 3년 동안 전개된 전쟁이 해방과 분단으로 시작된 '작은 전쟁'들의 귀결이었다는 걸 시각적으로 확인하게 된다. 또한 과거의 '휴전'으로 전쟁이 여전히 끝나지 않은 채 '현재'를 규정하고 있는 만큼 이 책에서 다루는 사진은 1953년 7월 27일(휴전일 또는 정전일)을 넘어서기도 한다. 전쟁의 공간도 전투가 벌어진 장소로 한정하지 않고 전방/후방이라는 공간 구획을 넘어서 전쟁의 정치·사회·문화·일상 공간을 넘나들 것이다. 그렇기에 군대와 군인 영웅의 이야기에 가린 채 전쟁 동원의 일상과 그 일상을 전쟁처럼 살아낸 민간인 주민, 피란민, 전쟁고아와 여성, 그리고 군과 민간 사이를 오간 전쟁포로 이야기도 다룰 것이다.

1부
'6·25' 전 '작은 전쟁'들이 있었다

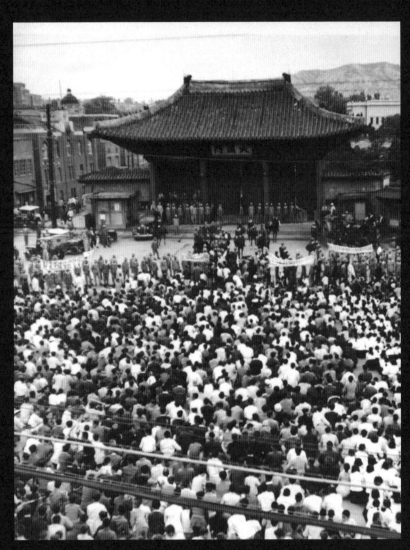

# 三 태극기 포위한 '신탁' 깃발들

1947년 6월 23일 엄청난 인파가 중앙청(구 조선총독부 건물) 앞을 메웠다. 4월 19일 개최된 제51회 보스턴마라톤대회에서 세계신기록으로 우승한 서윤복 선수, 남승룡 코치 겸 선수, 손기정 감독을 환영하기 위해 모인 인파였다. 서윤복의 우승은 1936년 손기정 선수가 베를린올림픽에서 세운 세계신기록을 한국인이 다시 갱신한 대사건이었다. 남승룡도 한국인 최초의 동메달리스트였으니, 가히 위대한 마라토너들을 축하하는 자리였고, 그에 걸맞은 환영 인파였다.

## 김구가 서윤복에게 써 준 '족패천하'

당시 촬영된 영상을 보면, 열광적인 환영 분위기가 느껴진다. 인천항으로 배가 들어오는 장면부터 자동차 퍼레이드를 벌이며 남대문을 거쳐 중앙청으로 들어오는 장면까지 "만세" 소리와 태극기 물결이 넘실댄다. 영상에는 주한미군 제24군단 사령관 하지 중장과 미군정 관계 인사들이 선수단 일행을 환영하는 모습이 나온다. 좌우합작운동의 상징이자

'중간파' 정치지도자인 여운형과 김규식의 모습도 포착된다. 영상에는 없지만, 이승만과 김구도 그 자리에 있었다. 김구가 서윤복에게 '족패천하'(발로 천하를 제패하다)라는 휘호를 써 준 것은 유명한 일화다.

미군 사진병이 촬영한 〈사진 1〉은 이런 분위기를 역사의 한 장면으로 포착했다. 인파만큼이나 한눈에 들어오는 것이 중앙청 전면이다. 당시 한국 상황을 이보다 더 잘 보여주는 것이 어디 있을까. 1947년이라 아직 '우리' 국가와 정부를 세우지 못했지만, 민족—국가수립운동의 상징이었던 태극기가 중앙에 걸리고, 양 옆에 4대 열강인 미국·소련·영국·중국의 국기가 걸려 있다. 바로 한국의 운명을 틀어쥔, 한국 신탁통치를 꾀하던 국가들이다.

신탁통치란 무엇인가? 특정 종속 지역이 자치 능력을 갖춰 독립할 때까지 유엔(국제공동체)의 '신탁'을 받은 관리기구(특정 지역에 이해관계를 갖는 국가연합)가 유엔 총회와 신탁통치이사회의 감독 아래 그 지역을 임시적으로 관리, 통치하는 체제다. 열강들의 무분별한 영토 병합과 주권 박탈을 통한 식민지배를 막기 위한 장치였다. 열강들의 식민지 확장으로 인한 세계전쟁의 발발과 국제평화의 위협을 반복하지 말아야 한다는 국제적 합의가 있었고, 이것이 종속 지역에 대한 국제 신탁통치 구상으로 이어져 유엔 헌장에 삽입됐다. 문제는 종속 지역의 즉각 독립이 아니라 긴 '수습 기간'을 거쳐 준비를 한 후 때가 됐을 때 독립한다는 데 있었다.

한국은 적국 일본의 식민지로 신탁통치의 대상 지역이었다. 1943년 카이로 회담에서 미국·영국·중국은 "한국인의 노예 상태에 유의하여 적절한 절차를 거쳐 한국을 자유롭게 독립"시킬 것을 결의했지만, 그 실상은 점령→신탁통치→독립 경로를 거치는 것이었다. 1945년 9월 미

〈사진 1〉
"1947년 6월 23일
보스턴마라톤대회 우승자 서윤복 선수를 축하하기 위해
중앙청 앞에서 열린 환영식에
군중들이 모여 있다."

국과 소련에 의한 한국의 분할점령이 진행된 후 한국 문제 처리의 구체적인 방법은 1945년 12월 미국·소련·영국 외상이 모이는 모스크바에서 결정됐다. 12월 28일 오후 6시(한국시간 기준)에 공식 발표된 그 유명한 '한국에 관한 결정'이다. 주한미군 사령부는 이 결정을 다음 날인 29일 오후에 워싱턴으로부터 공식 통보를 받았다.

결정 내용은 우선 '한국 민주주의 임시정부'(이하 한국 임시정부. 혼란을 피하기 위해 일제 독립운동 시기 중경 임시정부는 '임정'이라 표기함)를 수립하고, 미소공동위원회(이하 미소공위)가 한국 임시정부와 협의한 후 5년 이내를 기한으로 하는 미·소·영·중의 신탁통치를 실시한다는 것이다. 카이로 회담에서 결의한 "적절한 절차를 거쳐"의 구체적 방법을 세운 것이다. 원래 미국의 제안은 4개국이 행정·입법·사법 기능을 독점한 시정권施政權 기구를 수립해 한국인들을 최대 5+5년(5년 기한으로 하되 5년 연장 가능) 신탁통치하는 것이었다. 이에 대해 소련은 한국 임시정부를 먼저 수립한 후 신탁통치 프로세스로 가자는 역제안을 했고, 미국도 이를 받아들여 최종 결정했다.[1]

신탁통치 기간을 5년 이내로 결정한 것도 소련의 제안이었다. 누가 좋고 나쁘다는 '가치' 판단이 아니라 실증적 '사실'이 그러했다. 미국과 소련은 자신들의 셈법에 충실했을 뿐이다. 정용욱의 말을 빌리면, "미국은 비정치적이고 행정 실무상 문제를 우선시하면서 국제적 해결 방식을 주장해 자신의 주도권과 우세를 보장받으려 했지만, 소련은 해방 이후 한국 정세나 좌우 세력관계가 자신에게 유리하다고 판단했고 보다 본질적으로 정부 수립 문제를 제기해 주도권을 관철시키려" 했던 것이다.[2]

## 《동아일보》오보사건과 신탁통치

모스크바에서 벌어진 미소의 '공중전'이 별것 아닌 것으로 느껴질 만큼 한국 현지에서의 '지상전'은 더 격렬하게 전개됐다. 남북으로 분할점령된 한국을 좌우로 분단시키는 일대 사건이 발생했다. 《동아일보》오보사건과 이로 인해 전개되는 일련의 '신탁통치 파동'이다.

　모스크바에서 최종 결정이 공식 발표되기 하루 전날이었던 12월 27일, 《동아일보》는 "소련은 신탁통치 주장, 소련의 구실은 38선 분할점령, 미국은 즉시 독립 주장"[3] 이라는 머리기사를 내보냈다. 이 왜곡보도의 전말에 대해서는 꽤 진지한 연구들이 있고, 추리소설보다 더 흥미진진하다. 여기에

〈사진 2〉
"소련은 신탁통치 주장, 미국은 즉시 독립 주장"이라고 오보를 낸 《동아일보》 1945년 12월 27일 자.

〈사진 3〉
"1945년 12월 31일 한국 신탁통치 반대를 위해
조직화된 시위에서 수천 명이 고함을 지르며 한국의 정치지도자들이
연설하는 서울운동장으로 행진하고 있다."

〈사진 4〉
"1945년 12월 31일 거리시위 뒤 한국인들은
연합국이 5년 동안 신탁통치한다는 결정에 저항해
서울운동장에 모여 연설을 기다리고 있다."

보탤 말이 더 있을까. 여기서는 이것을 계기로 전개되는 '반탁'운동과 그 직후 '찬탁'과의 적대적 대결이 어떤 결과들을 초래했는지 미군 사진병의 시각과 사각 속에서 확인하려 한다.

사진으로만 봐도 12월 31일은 29일의 '작은 소요'와 비교가 되지 않을 만큼 반탁시위가 크게 고조된 날이었다. 29일 밤에서 30일 새벽에 김구의 경교장(김구 사저이자 임정 청사)에서 반탁을 규합하는 회의가 있었고, 이때 신중론을 폈던 한국민주당(이하 한민당) 정치지도자 송진우가 그날 새벽에 자택에서 암살당할 정도로 반탁 열기가 폭발적으로 분출하고 있었다. 〈사진 4〉를 보면 눈 내린 운동장에 모인 시위자가 "신탁통치 절대 반대" 펼침막을 들고 서 있다.

이 시위는 시작에 불과했다. 이날 김구와 임정 출신 인사들은 전국 총파업을 결의하고 정권 접수를 선언했다. 임정 내무부장 신익희는 군정 경찰 등 한국인 직원은 모두 임정 지휘 아래에 있다고 선포했다. 그러자 미군정은 이를 쿠데타로 규정하고 대응에 나섰다. 하지 중장은 "자살하겠다고 날뛰는 김구를 진정시키고, 반탁시위가 군정이 아닌 신탁통치에 반대하는 것임을 밝히라고 설득했다." 하지가 "나를 속이면 죽여버리겠다"고 김구를 위협했다 하니 그냥 설득은 아닌 셈이다.[4] 임정의 기도는 무위로 돌아갔고, 미군정과 임정은 서로 체면을 세워주는 상태로 마무리했다.

미·소·영·중이라는 외세의 개입에 한국인은 좌·우 할 것 없이 반탁운동을 벌였다. 그러나 풍향이 급격하게 바뀌기 시작했다. 1946년 1월 3일 조선공산당은 모스크바 3상회의 결정을 지지하는 입장으로 전환했다. 그 결과 신탁통치를 둘러싸고 외세 대 한국인이라는 구도가 우=반

탁 대 좌=찬탁이라는 대립 구도로 분열됐다. 이 분열은 반탁=반소·반
공=애국 대 찬탁=친소·친공=매국으로 규정되면서 좌우 사이에 건널
수 없는 간극으로 고착되기 시작했다. 1946년부터 좌우 대립은 '골육상
쟁' 수준으로 치달았다. 그 끝자락에 1947년 '6·23반탁시위'로 시작되
는 일련의 사건들이 있었다.

## 이승만·김구의 실패한 반탁운동

〈사진 5〉는 서윤복 선수 일행 환영대회가 열렸던 중앙청에서 가까운 덕
수궁 대한문 앞에서의 1947년 6월 23일의 상황을 포착한 것이다. 덕수
궁에서는 1947년 5월 21일부터 제2차 미소공위가 진행되고 있었고, 6
월 23일은 미소공위 협의에 참여할 정당과 사회단체의 청원서 제출 마
감일이었다. 청원서를 첨부할 때는 모스크바 3상회의 결정의 목적을 지
지하고 한국 임시정부 수립에 대한 미소공위 결의와 신탁통치안에 대해
협력한다는 내용의 선언문을 첨부해야 했다. 이승만과 김구가 1년 6개
월 동안 주도해왔던 반탁운동을 위협하는 것이었다. 실제 그간 이승만
과 함께했던 한민당도 "참여하여 반대한다"는 명분을 내세워 미소공위
참여를 결정했고, 김구의 한독당 내에서도 안재홍 등이 미소공위 참여
를 주장하며 이탈해 나갔다.

그래서 이승만과 김구가 조직한 것이 6·23반탁시위였다. 서윤복 선
수 일행 환영대회에 참여한 인파를 반탁 데모의 파도로 동원하려 했다.
일찍부터 스포츠를 자신의 정치와 외교에 능수능란하게 활용해왔던 이

〈사진 5〉
"1947년 6월 23일 "극우"인 김구가 주도한 조선인 시위대가
미소공동위원회가 열리는 덕수궁 (대한)문을 기습했다.
군중은 대한문 앞에서 연좌농성을 하기 전에
소련영사관으로 진격했다."

〈사진 6〉
대한문 앞 반탁시위에
전국학생총연맹의 학생시위대 모습이 보인다.

승만이었다. 그는 임영신을 통해 보스턴마라톤대회에 출전한 서윤복 선수 일행을 응원하는 기민함을 보여줬고, 실제 서윤복이 우승하자 이를 이승만 외교의 승리로 국내외에 선전하며 이용했다.

반탁시위의 선봉은 전국학생총연맹이 맡았다. 반탁시위 현장에서 미군 사진병이 촬영한 사진들(〈사진 5〉, 〈사진 6〉)을 보면, 교복 입은 남녀 학생들이 적지 않게 보인다. 학생시위대는 미소공위 소련대표단에게 돌을 던지는 등 맹활약을 했다. 그러나 딱 거기까지였다. 미군정의 평가에 따르면, 환영 인파를 반탁시위 군중으로 동원하려는 이승만과 김구의 시도는 실패했다.

반탁시위의 성패 여부와 상관없이 제2차 미소공위는 결렬로 치달았다. 결렬 직후인 7월 19일 여운형이 암살당했고, 좌우합작운동은 사실상 해체됐다. 미국도 신탁통치를 통한 독립 경로를 포기하고, 한국 문제를 미소공위에서 유엔 총회로 이관하는 방침을 세웠다.


## 끝난 듯, 끝나지 않은 신탁 파동

한국 신탁통치 장치는 이렇게 최종 폐기됐다. 이리 보면 한국 역사박물관에나 전시될 만한 화석 같은 것이고, 굳이 지금 떠올릴 이유가 없다. 그러나 신탁통치 파동은 1945년 연말과 1946년 벽두라는 짧은 시간에 국한되지 않았다. 정부 수립 전까지는 물론 지금까지도, 어쩌면 남북과 함께 좌우 분단을 극복하기 전까지는 계속해서 그 파동 안에 있는 것이 아닐까 생각한다.

# 三 누가 그들을 폭도로 몰았나
제주4·3사건

나는 제주도민이었다. 제주에서 태어났고, 대학 진학을 위해 상경하기 전까지 섬은 삶의 울타리였다. 섬 밖 구경은 중학교와 고등학교 때 두 번의 수학여행이 전부였다.

나는 민오름을 좋아했다. 집 뒷산치고는 큰 오름이었다. 올라가면 제주 시내가 훤히 내려다보일 정도로 풍광이 좋았다. 민오름을 반대편으로 넘어가면 코앞에 오라리 연미 마을이 있다. '국민학교' 소풍 때마다 지나쳤던 오라리 마을이 제주4·3사건 때 등장하는 '그 마을'임을 알게 된 것은 시간이 한참 지난 2000년 즈음이었다. 당시 난 제주4·3사건으로 석사논문을 준비하고 있었다. 감춰진 역사의 진실과 마주하며 생활과 기억의 일부이던 장소들이 낯설게 다가왔다. 아무 생각 없이 지나치곤 했던 오름에 으레 있는 버려진 무덤도 예전과 같을 수는 없었다.

## 오라리사건에 감춰진 비밀

1948년 5월 1일 있었던 '오라리 방화사건'은 40년 넘게 '폭도'들이 오라리 마을을 공격해 방화하고 주민을 학살하는 것을 경찰이 격퇴한 사건으로 알려져 있었다. 그러나 1989년 《제주신문》 4·3취재반의 조사로 경찰의 사주를 받은 우익 청년단이 마을에 불을 질렀다는 사실이 드러났다. 극적인 반전이었다. 이 사건을 계기로 '제주도 사태'에 대한 군경의 무력 진압이 본격화되었기 때문이다. 그 결과는 우리 모두가 알 듯 '제주4·3'이라는 대량 학살이었다. 상상할 수 없는 부담을 안고 관련 문헌, 문서자료, 40년 공백을 무색케 하는 발로 뛰는 취재와 인터뷰 등이 있었기에 이루어진 반전이었다.

〈사진 1〉
"1948년 5월 1일 제주 경찰감찰청 정문에서
30구경 기관총으로 무장한 경찰관이 경계를 서고 있다."

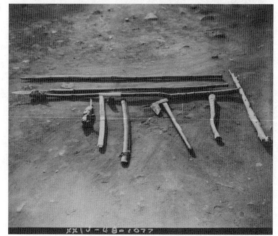

당시 상황을 전하는 무성영상 한 편이 남아 현재에 전해지고 있다. 〈한국의 메이데이: 제주도〉라는 제목의 영상은 제주 경찰감찰청 입구에 설치된 기관총으로 무장한 경찰을 다양한 각도에서 포착하는 장면으로 시작한다(〈사진 1〉). 이어서 자수한 '폭도 살인범'과 노획한 '살인 무기'를 클로즈업한다.

기관총에 비하면 영상이 클로즈업하는 살인 무기는 죽창, 손도끼, 칼 등으로 빈약하기 짝이 없다. 느릿느릿 건물로 들어가는 구부정한 두 사람도 스스로 '폭도 살인범'이라 자백한 것이 맞는지 의심될 정도로 약해 보인다(〈사진 2〉, 〈사진 3〉). 1948년 5월은 아니지만 6월에 종군기자로 취재했던 조덕송(조선통신 특파원)이 쓴 기사의 한 대목이 떠올랐다.

포로들이 후송되어 온다. …… 구부린 채 말없이 이끌려가는 그들의 안색은 그들의 의복과 같은 색깔이다. 감히 그들을 어느 모로 보아야 폭도라고 부를 수 있을는지. …… 무엇 때문에 폭도로 규정받지 않으면 안 될 처지가 되었는가.[5]

• 〈사진 2〉
체포된 무장대원으로 추정되는 인물들.
미군 사진병은 사진에 "최근 진행 중인 테러 기간에
제주도에서 포획된 두 명의 살인자로,
이 둘은 자백했다"는 사진 설명을 달았다.

•• 〈사진 3〉
"'폭도 살인범'에게 노획한 무기. 죽창, 손도끼, 칼, 화기."

●
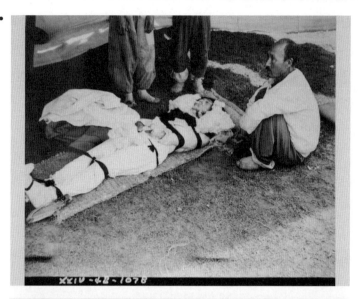

●●

영상은 곧바로 충격적인 장면으로 이어진다. 맞아 죽은 여성 시체가 적나라하게 펼쳐진다(〈사진 4〉). 미군 장교가 파괴된 도로를 지켜보는 장면과 함께 이내 미군과 경찰이 주민들을 심문하는 장면이 나온다. 그리고 본격적으로 오라리 마을의 일부 가옥들이 불타는 장면이 나온다(〈사진 5〉).

영상은 L-5비행기를 타고 공중에서 촬영한 것과 오라리 마을로 출동해서 마을로 진입하는 경찰기동대의 모습을 지상에서 촬영한 장면이 교차 편집돼 있다. 영상은 엉성하나마 의도를 가지고 편집된 것이다. 그렇다. 단순 기록영상이 아니다. 사전 각본에 의해 철저히 준비된 기록물이다. '제주4·3' 무장대가 잔악무도한 '폭도'고, 오라리 마을을 습격해 방화하고 주민들을 잔인하게 살인한 것'처럼' 편집을 했다.

이 영상을 찍은 사람들은 도대체 누구일까. 어떻게 만반의 준비를 하고 딱 그 시간에 공중과 지상에서 '오라리사건'을 촬영할 수 있었을까?

당시 제주에는 주한미군 제24군단에 배속된 123통신사진파견대의 스틸사진가와 영상카메라맨들이 있었다. 이들은 4월 30일, 5월 1일, 5

---

•〈사진 4〉
처참하게 살해된 여성의 주검.
가족인 듯 보이는 노인이 멍한 눈으로 정면을 보고 있다.
미군은 "공산군 빨치산에 의해 살해된 주검과 그들의 친지 및 친구들"이란 설명을 달았다.

••〈사진 5〉
1948년 5월 1일 불타는 오라리 마을.

월 5일, 5월 15일 제주도에서 촬영을 했던 것으로 확인된다. 이 가운데 스틸 사진을 찍은 무츠Mootz와 영상카메라맨 샤이다크Shaydak가 이목을 끈다. 샤이다크가 촬영한 영상 속 일부는 무츠의 사진에 정지 화면으로 포착돼 있다.

군 사진병들은 사전에 기획된 목적에 따라 특정한 시각을 이미지 기록으로 남기는 사진 활동을 임무로 한다. 샤이다크가 찍은 영상만큼 무츠의 사진 속 시선이 매우 흥미롭다.

무츠는 123통신사진파견대에서 가장 많은 사진을 남겼다. 나는 그가 1948년 1~6월에 한국을 배경으로 찍은 사진 132장을 확인했다. 그는 서울, 인천, 수원 등 중앙은 물론 춘천과 제주 등 이른바 전선 지역을 두루 넘나들었다. 정치와 군사 관련 주요 피사체는 물론 경제, 사회, 문화의 모습을 사람들 일상 속에서 잘 포착했다. 그 가운데 일부는 역사의 한 장면이라고 느껴질 만큼 1948년 한국의 주요 사건과 일상을 임팩트 있게 잡아냈다.

제주4·3사건과 관련해서는 18장(1장은 추정)의 사진이 남아 있다. 무츠의 사진 속 시선에서 사각화된 것은 무엇일까?

무츠의 사진은 '공산 폭도'들의 잔악한 만행에 초점을 맞췄다. 연구자들은 이 사진들이 프로파간다(선전) 목적으로 촬영됐다고 평가한다. 1948년 4월 28일 김익렬 국방경비대 9연대장과 무장대 대장 김달삼 간의 '평화협정'이 맺어진다. 그 직후인 5월 초는 국방군 강경파들로선 이 협상을 파기하고 강경 진압을 정당화해줄 프로파간다가 절실하던 시기였다.

4·28평화협상은 말이 평화협상이지 '귀순 공작'에 가까웠고, 김익렬 연대장이 단독으로 진행한 것도 아니었다. 주한미군정 군정장관 윌리

엄 딘William F. Dean 소장의 지시와 제주 59군정중대 제임스 맨스필드 James R. Mansfield 중령이 요청한 것이었다. 그런데 협상 결과가 기대 이상이어서, 보고를 받은 맨스필드 중령이 크게 만족했다고 한다. 그러나 정작 딘 소장의 태도가 돌변했다. 주한미군 제24군단 사령관인 하지 중장의 결정 때문이었다.

하지 중장은 '5·10총선거'를 앞두고 사태의 조기 진압에 더 큰 관심을 보였다. 그는 현재 병력으로 무력 진압을 시도했을 때 얼마나 빨리 사태를 끝낼 수 있는지가 궁금했다. 그들에게 제주도민의 안위 따위는 관심 밖이었다. 나는 하지 중장 주변의 미군 방첩대와 정보참모, 군정경찰을 대표하는 조병옥 등이 강경 진압 방침을 초기에 권고했을 것으로 판단한다.

이는 5월 1일 김익렬 연대장이 만난 미 제24군단 정보참모 중령과 방첩대 소령의 반응에서도 확인할 수 있다. 미군 방첩대 소령은 김익렬이 자체 조사한 오라리사건의 진상을 듣고 "경찰 보고와 다르다. 그것은 폭도들이 한 것이다"라고 일축했다. 그러면서 해안선에서 5킬로미터 이상 떨어진 중산간 지대를 '적성 지역'으로 간주해 토벌을 강화하도록 지시했다. 하지 중장의 정보라인과 경찰 수뇌부가 긴밀히 연계하면서 제주 지역 경비대 책임자의 의견을 묵살했던 것이다.

이와 관련해 진실을 알린 《제주신문》 4·3취재반의 실질적인 책임자이자 현 4·3평화재단 이사장인 양조훈의 다음 평가가 주목된다. "평화 협상의 구도를 미군과 경찰이 깨뜨렸을 뿐만 아니라 제주도의 유혈을 불러일으킨 초토화의 근간도 미군의 발상에서 시작됐다는 결론에 이르게 된다."[6]

그렇다면 김익렬이 보고했던 오라리 방화사건의 실체는 무엇인가? 이 사건의 배경이 되는 사건들이 있지만, 5월 1일에 발생했던 일들만 정리하면, 서북청년단과 대동청년단 등 우익 청년단이 오라리 마을에서 좌익 혐의가 있는 집을 찾아서 불을 질렀다. 12채의 민가에 불을 지르고 마을을 벗어날 무렵 오후 1시경 우익 청년단은 무장대 20여 명의 추격을 받았다. 그즈음 마을 어귀에서 마을 출신 경찰 가족 1명이 살해됐다. 무장대 출현 소식을 듣고 경찰기동대가 출동했지만, 이미 무장대는 떠났고, 주민들이 불을 끄고 있었다. 경찰은 마을 입구부터 총을 쏘며 들어왔고, 주민들은 도망쳤다. 이 과정에서 여성 1명이 총에 맞아 숨졌다. 이후 경찰은 경비대 9연대가 마을로 출동하자 황급히 철수했다. 김익렬 9연대장이 직접 현장조사를 진행했고, 다음 날 방화 주동자로 대동청년단 단원을 체포, 구금했다.[7]

40년 후 《제주신문》 4·3취재반은 방화범 대동청년단원과 경찰의 총에 맞아 피살된 여성의 딸을 찾아냈다. 딸의 증언이 흥미롭다. 당시 "하늘에서 비행기가 오랫동안 머리 위를 맴돌았다"고 한다. 불타는 오라리 마을을 공중에서 촬영하고 있던 비행기를 본 것이다.[8]


## 5월 5일 미군정 수뇌부의 제주 비밀회동

이 영상의 이후 장면은 5월 4일 이후로, 공중에서 제주도 제59군정중대 건물, 제주항의 모습을 공중과 지상에서 담았다. 무츠의 사진에서도 두 장소는 매우 상징적이다. 무력 진압이 전개되는 상황에서 미군의 존재와 역할이 미묘하게 시각화하는 장소다. '폭도'와 주민들을 구별하지 않는 무력 진압이 전개되는 상황에서 미군이 드러나는 것은 피해야 했다. 그럼에도 제주도를 통치하는 제59군정중대에서 성조기가 펄럭이는 장면, 주한미군정의 최고 수뇌부 인사들이 비밀회의 참석을 위해 제주에 도착하는 장면, 미군 구축함이 제주도를 봉쇄하기 위해 제주항에 정박해 있는 장면 등이 포착됐다.

특히 5월 5일 비밀회의 회동을 위해 제주에 도착하는 모습을 촬영한 사진이 참 흥미롭다. 군정장관 딘 소장, 59군정중대 맨스필드 중령, 민정장관 안재홍, 군정경찰의 책임자인 조병옥 경무부장, 국방경비대 사령관 송호성 준장, 유해진 제주도지사, 경비대 9연대장 김익렬 중령, 제주경찰감찰청장 최천 등이 보인다(〈사진 6〉).

이날 회의에서 맨스필드 중령은 회의 내용이 '극비'이고 누설자는 군정재판에 회부하겠다고 했음에도, 그다음 날 딘 소장은 기자회견에서 '제주 사태'를 바라보는 회의 참석자들의 시각이 달랐음을 시사했다. 그러면서 '제주 사태'는 외부의 '공산분자'에 의한 것이고, 곧 회복될 것이라 했다.

이 극비회의에서 구체적으로 어떤 말을 주고받고, 무엇을 결정했을까? 김익렬 회고록을 보면 '제주 사태'의 원인을 둘러싸고 상반된 의견이 격렬하게 대립했다. 경찰 쪽은 국제공산주의자들이 사전에 계획한 폭동이므로 군경이 합동으로 무력 진압을 해야 한다고 주장했다. 그러나 김익렬 중령은 사태가 여러 요인에서 비롯됐고, 경찰의 실책도 한 원인이라 지적하며, 무력 진압이 능사가 아니라 선무·귀순 공작을 병용해 '폭도'와 '일반 민중 동조자'를 분리해야 한다고 맞섰다. '제주4·3사건'을

〈사진 6〉

제주4·3사건의 대책을 논의하기 위해 1948년 5월 5일 미군정 수뇌부가 제주에서 회동
했다. 맨스필드 중령과 안재홍 민정장관이 딘 군정장관의 말을 듣고 있는 모습이다. 사
진 중앙 제일 뒤에 유해진 지사가 있다. 사진 맨 오른쪽에는 김익렬 중령과 송호성 준장
이, 그 뒤에는 조병옥 경무부장이 서 있다.

<사진 7>

영상카메라맨의 사진 활동(1948. 5. 5).

〈사진 8〉

1948년 5월 15일 무츠는 이 사진을 찍고
"제주도 국방경비대 고문 리치Leach 대위와 국방경비대 장교들이, 공산주의자들이 점령한
마을에 대한 공격 계획을 세우고 있다"는 설명을 달았다.

민중항쟁으로 보는 입장에 서면 '폭도'와 '양민'을 구별한 김익렬 9연대장의 시각에도 한계가 있지만, 당시 제주 지역 군 책임자가 할 수 있는 최대치였을 것이다. 그러나 이 회의에서는 그런 정도의 입장도 허용되지 않았다. 조병옥 경무부장은 김익렬 연대장을 공산주의자로, 김익렬의 아버지도 국제공산주의자로 몰면서 공산주의의 지령을 받고 있다고 원색적으로 공격했다. 격분한 김익렬 연대장은 몸싸움을 벌였고, 다음 날 연대장 직위에서 해임됐다. 조병옥의 빨갱이 몰이야 별로 새로울 건 없지만, 당시 현장에 있던 안재홍의 통곡은 정말 인상적이다.

아이고 분하다, 분해! 연대장 참으시오! 이것이 다 우리 민족 스스로의 힘으로 해방이 된 것이 아니고 남의 힘을 빌려서 해방이 된 때문에 이런 억울한 일을 당하는 것이오.[9]

이후 상황은 송호성 장군이 "제주 사람들은 이제 다 죽었구나"라고 예상한 것처럼 전개됐다. 5·10총선거가 제주도 2개의 지역구에서 무산되자 미군은 경찰과 경비대를 지휘하면서 강경 무력 진압작전을 펼쳤다.

〈사진 8〉은 강경 무력 진압을 위해 미군과 경비대가 작전을 전개하는 장면을 포착한 것이다. 그 무렵 미 6사단 제20연대장 로스웰 브라운 Rothwell H. Brown 대령이 제주지구 미군사령관으로 파견돼, 현지의 모든 진압작전을 지휘했다. "사건은 본관의 계획대로만 간다면 약 2주일이면 평정될 것이다. …… 사건 원인에는 흥미가 없다"는 그였다.

무츠는 "공산주의자 테러와 습격"으로 인한 피란민이라 했다. 그랬을까? 당시 무장대는 총선거를 무효로 만들기 위해서 주민들을 산으로 올

〈사진 9〉
산으로 피신한 사람들. 소풍을 온 것처럼 어린아이와 여성들의 모습이 많이 보인다. 무츠는
"공산주의자 테러로 집에서 피란 나온 제주도 마을 주민들"이란 설명을 달았다.

〈사진 10〉
"공산주의자들의 습격으로 피란 나온 제주도 주민들이
마을로 되돌아가는 모습."

려 보냈다. 5월 5일경부터 주민들이 산으로 올라갔다 한다. '제주4·3'화가 강요배 화백의 작품 〈한라산 자락 백성〉은 이를 형상화하고 있다. 선거 당일 어떤 중산간 마을은 인적이 거의 없을 정도였다 한다. 주민들은 마을 인근 오름이나 숲으로 가서 머물렀고(〈사진 9〉), 선거가 끝난 후에 집으로 돌아왔다(〈사진 10〉). 그나마 집으로 돌아온 건 천운이었을지도 모른다. 5~6월에 전개된 진압작전으로 수천 명의 중산간 주민들이 연행됐다. 어린이와 여성들, 노인들이 태반이었고, 일부는 '폭도'로 규정됐다.

여름 이후 미군 사진병의 시각에서 제주도는 완전히 사라졌다. 그 어떤 명분으로도 유혈 진압을 시각화하기는 어려웠을 것이다. 대한민국 정부 수립 이후에도 주한미군사고문단의 사진병들은 한국의 이곳저곳에서 활동했지만, 초토화가 전개되던 제주도는 여전히 그들의 사각에 있었다. 제주에서 꽃모가지째 떨어지던 붉은 동백꽃은 2년 후 전국에 걸쳐 벌어질 동족 학살의 전조였다.

대한민국 태초에 계엄이 있었다. 계엄은 비상사태에 대처하고 공공의
안녕질서를 유지하기 위해 가장 강력한 물리력을 갖고 있는 군이 특정
한 시공간에서 모든 또는 군사에 관한 '전권'을 갖는 것이다. 이것을 법
률로 정한 것이 계엄법이다. 이렇게만 보면 법과 폭력이 대립적이라고
이해되듯 계엄(법)은 안전·안녕·질서와 친화적이고 이를 해치는 대량
폭력과 대척점에 있는 것으로 보인다. 과연 그럴까? 계엄 상태란 어떤
것일까?

## 대한민국 정부 수립 이후 빈발한 계엄

정부 수립 후 최초로 전남 여수·순천 일대와 제주에 계엄이 선포됐다.
김백일 5여단장은 1948년 10월 22일 여수·순천 지역에 계엄을 선포했
다. 이승만 대통령은 10월 25일 국무회의에서 '계엄 선포에 관한 건'을
의결해 뒤늦게 김백일 대령의 '임시' 계엄 선포를 추인해주었다. "여순
군 및 순천군에서 발생한 군민 일부의 반란을 진정하기 위해 동 지구를

합위지경(비상계엄에 해당하는 일본 계엄령 제2조 2항의 표현)으로 정하고 본령 공포일로부터 계엄을 시행할 것을 선포한다"는 대통령령(제13호)이었다.

제주에서도 계엄이 선포됐다. 계엄 선포 일자는 분분하다. 국방부·경찰·미군 자료, 당시 신문기사 등에서는 10월 초부터 11월 말까지 다양한 선포 날짜가 기록됐다. 심지어 11월 19일 국방부 보도과는 담화를 통해 "제주도 일대에 계엄령이 선포된 일은 없다. 각처에서 폭동이 일어나므로 군에서는 작전상 경계를 엄중히 한 것이 민간에 오해된 모양"이라고 밝히기도 했다. 그러나 분명히 계엄은 선포됐다. 1948년 11월 17일 '제주도지구 계엄 선포에 관한 건'이 국무회의를 통과해 대통령령(제31호)으로 시행됐다(〈사진 1〉). "제주도의 반란을 급속히 진정하기 위하여 동 지구를 합위지경으로 정하고 본령 공포일로부터 계엄을 시행할 것을 선포한다. 계엄사령관은 제주도 주둔 육군 9연대장으로 한다." 이로 비춰볼 때 송요찬 9연대장은 임시 계엄을 10월 어느 날엔가 선포했고, 뒤늦게 이것을 대통령령으로 사후 추인한 것이 아닐까 싶다.

더 놀라운 것은 계엄법이 없었다. 계엄 선포 절차의 기본이 없었다는 말이다. 계엄법 없는 계엄 선포가 무엇을 의미할까? 대통령이 비상사태를 판단해 계엄 선포를 결정한 것이 아니라 일개 현지 군사령관이 판단해 "임시적"으로 계엄을 선포하고, 이를 대통령이 사후 추인하는 것은 어떻게 가능했을까? 그 의미는 무엇일까?

1948년 제주에서 있었던 '계엄법 없는 계엄 선포'가 불법이고 위헌이라는 주장에서 시작해보자. 1997년 4월 1일 《한겨레신문》과 《제민일보》가 법학자들의 자문을 통해 불법론을 대서특필했다. 이 보도로 전국적으로 정부 차원의 진실 규명을 촉구하는 운동이 삽시간에 퍼져나갔다. 이에 정부의 법률적 입장을 대변하는 법제처(행정법제국)는 제주와 여수·순천 지역에 선포된 계엄의 법적 근거를 일본의 계엄령(1882년 태정관포고 제36호 제정)에서 구할 수 있다고 반론하면서 논쟁이 벌어졌다. 논란이 크게 확산되자 법제처는 내부적으로 한번 검토해본 메모에 불과하고 유권해석을 내릴 입장이 아니라며 재판 과정에서 다툴 문제라고 물러섰다. 그러나 법제처는 대한민국 정부 수립 이후에도 일본의 계엄령의 효력이 계속된다는 해석을 포기하지 않았다.

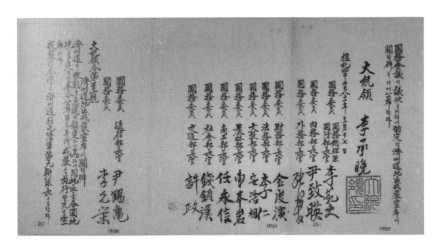

〈사진 1〉
제주도지구 계엄 선포에 관한 건.
(1948년 11월 17일. 국가기록원 소장).

이 논란은 이승만 대통령의 양자인 이인수가 1997년 10월 《한겨레신문》을 상대로 정정 보도를, 1999년 8월 《제민일보》를 상대로 정정 보도와 3억 원의 손해배상 청구 소송을 제기하면서 2라운드가 전개됐다. 결론만 말하면, 대법원까지 가서 《제민일보》가 승소했다. 그러나 대법원 판결은 당시 계엄 선포가 위법한 것으로 볼 여지가 있다면서도 "아무런 법적 근거 없이 이루어진 불법적인 조치라고 단정하기 어렵다"며 판단을 유보했다.


## 일제 계엄령을 빼닮은 이승만 계엄령

법제처 논리의 핵심은 일본 계엄령의 효력이 정부 수립 이후에도 계속됐으니 계엄 선포는 적법하고 정당하다는 거다. 일본 '천황'을 전제로 한, '천황'의 명령인 일본 계엄령이 민주공화국인 대한민국의 법제로 효력이 계속된다는 주장은 놀라울 수밖에 없다. 더 놀라운 것은 이 논쟁이 시작되기 전까지는 이런 해석과 주장이 더 다수였고 지배적이었다는 것이다. 그나마 법제처와의 논쟁과 재판 이후 '불법 계엄령'이라는 주장이 차츰 힘을 더해갔다.

초점을 바꿔 일본 계엄령의 법 효력의 유무 문제에서 벗어나 일본 계엄령 선포와 운용 경험의 연속성 문제를 주목해보는 것은 어떨까?

계엄 선포권자가 계엄 선포를 현지 군사령관에게 임시로 위임하는 것은 일본 계엄령의 전형적 특징이었다. 이와 관련, 일본군, 만주군, 일제 경찰 경력자들의 계엄 경험, 특히 만주 지역에서의 계엄 선포와 운용의 경험에 주목해볼 필요가 있다.[10] 만주군 출신인 김백일의 계엄 경험, 만주에서 근무한 홍순봉 제주도 경찰국장이 송요찬에게 계엄 선포와 절차 등과 관련해 도움을 준 것은 알려져 있다.[11] 그마저도 현지 계엄사령관의 계엄 이해는 계엄 지역(합위지경)에서 사람 죽이는 거라는 정도였다. 실제 송요찬은 포고문을 발포하고 위반자에 대해 "그 이유 여하를 불구하고 폭도배로 인정하여 총살에 처할 것"이라고 했다. 피해 생존자들의 증언에도 군경 토벌대에 의해 무고한 자기 가족이 "희생"당했다고 말하면서도 꼭 "그때는 계엄령 시절"이라는 말이 따라 나온다. 정리하면 만주군 출신 군 수뇌부와 경찰의 일본 계엄령에 대한 이해와 역사적 경험의 계속이 계엄법 없는 계엄 선포를 현실로 만들었다고 볼 수 있다.

한발 더 나아가, 계엄 선포의 적법성과 불법성 논쟁을 떠나 계엄법 없는 계엄 포고가 만들어낸 법의 공백 공간에서의 적나라한 폭력에 주목해야 한다. 군은 계엄 지역을 외부와 차단하고 봉쇄한다. 언론을 강력히 통제하고, 치안 및 질서 유지를 이유로 성향에 따라 미리 분류해놓은 주요 인사들을 예비검속(또는 예방구금)한다. 그 끝은 특정 공간의 초토화다. 그 공간에 잠시라도 스쳤던 주민들은 약식 군법회의, 또는 '손가락 총'으로 삶과 죽음의 갈림길에서 요동쳤다.

〈사진 2〉는 1948년 12월과 1949년 7월에 걸쳐 제주에서 실시된 군법회의의 결과 정치범이 된 민간인들의 명부다. 무려 2,530명의 민간인들이 계엄 상태라는 이유로 군법회의에 회부됐다. 조서나 판결문 등 소송 기록도 없다. 도저히 재판이라고 할 수 없는 군법회의였다는 말이다. 이들은 대부분 초토화작전 때 학살에서 살아남은 중산간 마을 주민들이거나 살기 위해 산으로 더 깊숙이 들어갔다가 "하산하면 과거의 죄

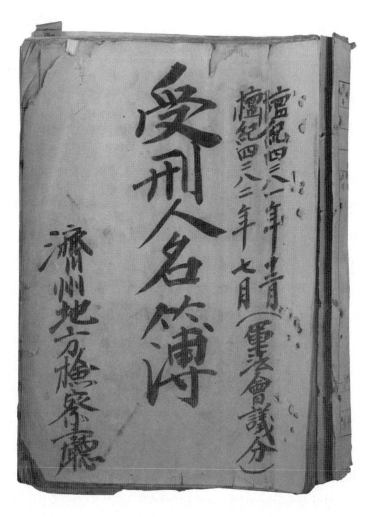

〈사진 2〉
군법회의 수형인 명부.
(1949년. 국가기록원 소장).

를 묻지 않겠다"는 군의 선무공작에 따라 '귀순'한 민간인들이다. 이들은 재판으로 즉결처분(처형)되거나 재판의 외양도 없이 학살된 사람들의 처지에 비하면 나았다고 위로해야 할까? 설사 이렇게 살아남았더라도 대부분 한국전쟁 직후 전국 각지의 형무소에서 남녀노소 할 것 없이 정치범이라는 이유로 학살됐다.

2,530명 중 18명이 살아 있다. 70년 동안 죄를 지은 게 있으니 감옥 간 것 아니냐는 말에 억울하다는 말조차 하지 못한 채 숨죽여왔다. 법원에 죄가 없음을 호소하고 재심 청구를 하려 해도 재판 기록 자체가 없어서 불가능했다가 2018년에 수형자 명부와 군의 형집행 지휘서, 군 관계자 진술 등 공문서가 결정적 증거로 채택되어 재판이 진행되었다. 제주지방법원 재판부는 "피고인들에 대한 군법회의는 법률이 정한 절차를 거치지 않은 것으로 판단된다"며 공소제기 자체가 "무효"라고 판단했다. "70년 한을 풀었다"지만, 이미 세상을 뜬 피해자들의 억울함을 풀기에는 역부족인 실정이다. 이들에겐 제주4·3사건으로 인한 피해가 현재 진행형이다.

〈사진 3〉은 심문반이 제주농업학교 운동장에서 산에서 내려온 귀순자들 중 무장대 협력자를 가려내는 모습을 포착한 것이다. 여순사건 때 여수 서국민학교에서 벌어졌던 혐의자 색출 모습을 찍은 이경모의 사진이 연상된다. 사복 차림의 완장을 찬 사람은 무엇을 기준으로 무장대 협력자를 골라냈을까? 여순사건 때는 손바닥에 총을 쥔 흔적이 있거나 흰 고무신을 신었거나 머리를 짧게 깎은 자 등이 기준이었다. 외모를 보고 즉흥적으로 판단하거나 개인감정 등으로 손가락으로 지목하는 일이 횡행하지 않았을까?

〈사진 3〉
무장대 협력자를 가려내는 심문반.
(1949년 4월. 제주4·3연구소 소장).

## '합법적 폭력'인 계엄

계엄법 없는 계엄 선포가 만든 계엄 상태는 군이 스스로 주권자가 되어 비상사태를 판단했고 임시 계엄을 선포해 계엄 지역을 적나라한 폭력이 지배하는 공간으로 만들었다. 그 공간에서 군은 헌법상 국민의 기본권을 정지시킨 채 생사여탈권을 휘둘렀다. 그런데 이 국가폭력, 국가범죄가 역설적으로 계엄법을 정립(제정)했다. 이런 의미에서 계엄은 '창법적 폭력'(법을 만들어내는 폭력)이었다.

이렇게 제정된 대한민국의 첫 계엄법(1949년 11월 24일 제정·시행)은 법조문과 구조로만 보더라도 일본의 계엄령과 다를 바 없었다. 제주와 여순 지역에서의 계엄 운용의 경험 속에서 법조문은 자의적·임의적으로 해석됐고, 이는 다시 한국전쟁이라는 무대에서 시험받았다. 무엇보다 이번에는 계엄법에 근거한 계엄 선포와 운용이었다. 과연 계엄법이 정하는 절차에 따라 계엄이 선포된다면, 계엄 지역에서 일어난 모든 일은 적법한 것인가? 비상사태를 이유로 자행된 계엄 지역 내 국민과 민간인에 대한 국가폭력의 행사는 정당한 것인가?

계엄법의 주요 조문과 한국전쟁에서의 계엄 운용을 통해서 확인해보자. 제1조는 대통령이 국가 비상사태를 판단하고 결정하는 주권자이자 계엄 선포권자임을 명기하고 있다. 문제는 "공공의 안녕질서를 유지할 필요"도 계엄 선포의 요건으로 규정하면서 군사적 이유가 아닌 정치적 이유, 심지어 픽션적(허구적)으로 비상사태를 자의적으로 판단해 계엄 선포를 결정할 수 있게 됐다. 제5조에 따르면, 국회는 대통령의 계엄 선포 후 통고나 받는 처지로 전락했다. 제17조 계엄 선포 중 현행범을 제외하고 체포나 구금하지 않는다는 조항도 현실에선 무기력했다.

1952년 5월 25일 비상계엄 선포 사례는 이 조문들이 왜 문제적인지를 극명하게 보여준다. 이날의 계엄은 후방 지역의 공비 소탕을 근거로 '가상의 포위 상태'를 내세우고 대통령 재선을 위해 자신에게 유리한 방식으로 개헌하기 위한 전형적인 정치적 계엄이었다. 이를 위해 지금 기무사령관에 해당하는 특무대장 김창룡이 나섰다. 김창룡은 대구형무소 무기수, 중형수 7명과 거래해 공비로 위장시켜 부산 금정산에 출현해 총격을 가하도록 조작했다.

## 정치도구로 전락한 첫 계엄법

다음 타자는 헌병대사령관 원용덕이었다. 그는 부산 등 경상남도 9개 시·군 지역의 계엄사령관이 되어 헌병대, 특무대, 경찰을 동원해 이승만 대통령의 재선을 막으려는 야당 국회의원들의 체포·구금에 나섰다. 이승만의 지시하에 이미 야당의원의 성분을 분류한 상태였다. 순식간에 일을 해치우려는 듯 바로 다음 날인 5월 26일 부산 경남도청 정문에서 야당 국회의원 47명이 탄 국회 통근버스가 헌병대에 끌려갔다. 임시 국회의사당인 상무관을 지척에 두고 벌어진 일이었고, 신익희 국회의장과 부의장단, 친이승만계 의원들도 백주대낮에 동료 의원들이 끌려가는 것을 무기력하게 지켜봐야 했다. 적반하장으로 원용덕은 이를 '버스검문 불응사건'으로 규정하며 마치 의원을 현행범으로 체포한 것인 양 떠들어댔다. 게다가 끌려간 야당 의원들 중 몇몇은 국제공산당 음모

〈사진 4〉

1952년 5월 26일 경남도청 정문에서
헌병의 제지를 받은 국회 통근버스. 야당 국회의원 47명이 타고 있던 이 버스는
공병대 크레인에 들려 헌병대로 끌려갔다.

사건 피의자로 구속됐고, 체포되지 않은 야당 의원들도 지명수배를 받아 40일 가까이 숨어 지내야 했다. '부산 정치파동'이라 완곡하게 불리지만, 사실상 '친위 쿠데타'나 마찬가지였다.

계엄법 제2조, 3조, 4조, 10조, 11조는 비상계엄과 경비계엄의 선포조건을 "적의 포위공격으로 인한" 비상사태의 유무로 구분하고 각각의 계엄사령관의 권한을 규정하고 있다. 비상계엄의 경우 계엄 지역 "모든" 행정과 사법 사무를 관장하고, 경비계엄의 경우 "군사에 관한" 행정과 사법 사무를 관장한다. 하지만 이런 구분이 계엄이 선포되고 운용되는 현실에선 큰 의미가 없었다. 비상계엄이든 경비계엄이든 군이 민간을 완전히 장악하는 계엄 상태의 현실과 사정은 변함이 없었다.

실제 한국전쟁 전 기간 동안 비상계엄과 경비계엄이 지역별로 반복적으로 전환됐다. 비상계엄 해제의 직접적인 계기와 힘은 국회의 비상계엄 해제 요구에서 비롯됐다. 그러나 정부는 비상계엄을 해제하더라도 곧바로 경비계엄을 선포했다. 이런 전환은 계엄을 유지하기 위한 방식이었을 뿐 계엄 상태라는 본질이 바뀐 것은 아니었다. 계엄법 조문의 규정과 상관없이 군은 경비계엄 지역에서도 비상계엄 때와 마찬가지로 '모든' 행정과 사법을 실질적으로 관할했다. 예컨대 군은 경비계엄으로 전환된 시기에도 군법회의 기간 연장을 통해 '부역자 처벌'을 명목으로 민간인에 대한 사법적 관할권을 계속 행사했다.

이와 관련해 계엄사령관에게 과도한 권한을 주고 있는 특별조치권과 계엄 지역 내 군법회의 관련 조항도 주목된다. 제13조는 비상계엄 지역 내에서 군사상 필요할 때 체포, 구금, 언론, 출판, 집회, 단체행동에 대해 계엄사령관이 특별한 조치를 취할 수 있도록 했다. 이 조항에 근거해 한국전쟁 때 특별조치권을 처음으로 발동한 사례는 1950년 7월 12일 송요찬 헌병사령관의 포고다. 이때 특별조치의 핵심은 예비검속(예방구금)이었다. 계엄 선포 이전 전쟁의 시작 직후부터 군이 민간인 '요시찰인(사상 문제 등으로 경찰이나 행정 당국의 감시가 필요한 사람)'과 국민보도연맹원을 예비검속한 것에 대한 법적 근거를 사후에 마련하는 효과도 있었다.

제16조는 사실상 형사법상 모든 범죄를 망라하고 있는 25개의 범죄를 나열하면서 군법회의 관할 사항을 광범위하게 확대했다. 사실상 민간재판과 군법회의 간의 경계를 허물어뜨리고 군법회의가 민간법원보다 압도적 지위를 행사할 수 있도록 하고 있다. 계엄으로 강화된 군법회의의 권능은 심지어 계엄 해제 후에도 계속되는 경우가 많았다.


## 법을 잠식한 계엄의 정신

한국전쟁 동안 비상계엄과 경비계엄의 선포·운용·해제는 지역별, 시기별로 어지럽게 이뤄졌지만, 전반적으로 계엄 상태는 유지됐다. 그런데 계엄 상태는 전쟁 상황과 거의 관계가 없었다. 대부분 허구적·정치적 계엄이었고, 설령 군사적 계엄이었더라도 그것이 적을 상대하는 전쟁 수행에 그리 효율적이지 않았다. 그렇다면 전쟁 수행을 위한 여타의 전시법과 차별적인 계엄법의 진정한 효용은 어디에 있을까?

그건 바로 군이 계엄 선포권자 대통령 아래에서 모든 행정, 사법, 심지어 입법의 권한을 배타적으로 독점하는 것이다. 계엄을 선포만 하면, 스스로 계엄을 해제할 때까지 말이다. 국회가 불체포 특권에 기반해 계엄 해제 요구권을 갖고 있지만, 한국전쟁의 역사와 현실에서 보았듯이 너무 취약해 거의 견제를 하지 못한다. 언론과 국민의 집회와 단체행동도 계엄사령관의 특별조치권과 군법회의 관련 권한 앞에선 달걀로 바위 치기 같은 것이었다. 물론 간혹 그런 기적이 일어날 수도 있지만 말이다.

계엄법은 '비국민'과 '빨갱이'를 찍어내 대량 학살하는 데 핵심적인 장치였다. 이 국가폭력과 국가범죄는 단지 법의 바깥에서 일어난 것이 아니라 법질서와의 관계에서 집행됐다. 이런 폭력적 법, 또는 법제화된 폭력을 구축한 비상사태(예외상태) 국가는 "정치적 반대자들뿐 아니라 정치체제에 통합시킬 수 없는 모든 범주의 국민, 시민들을 적대적으로 배제하고, 심지어 육체적으로 말살시킬 수 있는 전체주의 체제"[12]다. 유신체제 때뿐 아니라 1987년 민주화 이후 현행 헌법과 법률에도 헌법상 기본권을 상당히 침식시키는 이 비상사태의 독소 조항이 곳곳에 숨어 있다. 이를 어떻게 실질적으로 민주화할 것인가?

반공검사 오제도가 있다. 1970년대 책깨나 읽었거나 영화를 좋아했던 사람이라면 '반공 히어로' 오제도를 잘 알 것이다. 동아방송의 라디오 드라마 〈특별수사본부〉는 당대 빅히트 작이었다. 이것이 실록소설 《특별수사본부》(1972년 초판 전 14권, 1974년 중판 전 21권)로 출판되었고, 1973년 〈기생 김소산〉을 시작으로 〈936사건〉까지 총 7편의 영화로 제작되었다. 1970년대부터 시작된 수사시리즈물의 간판은 단연 문화방송 MBC의 〈수사반장〉이라 할 수 있지만, 유신체제 아래에서 이제는 존재하지 않는 "남로당 지하당"과 싸우는 반공검사의 수사 무용담, 특별수사본부의 이야기도 당대 사람들에게 꽤 인기를 끌었다.

## 반공 뒤에 가려진 고문과 조작

〈특별수사본부〉 서사의 출처는 오제도가 1969년에 출간한 《추격자의 증언》이다. 이 책에서 오제도는 자신을 정부 수립 전후에 있었던 '좌익 사건'들을 해결하면서 위기에 빠진 나라를 구한, 마치 스파이 소설의 주

〈사진 1〉

특별수사본부 1탄 〈기생 김소산〉. 감독 설태호, 원작 오재호.

오제도 검사 역은 최무룡, 김소산 역은 윤정희가 맡았다. 제12회 대종상영화제(1973)에서 우수반공영화상을 수상했다.

(출처: 한국 영화 데이터베이스(KMDb)).

인공처럼 그렸다. 그는 수단과 방법을 가리지 않은 반공검사의 활약을 과장하거나 미화한다. 직접 수사하거나 수사를 지휘하면서 다반사로 이루어진 고문과 조작에 대해서는 침묵한다. 그러면서도 검찰이 지배하는 형사사법의 전 과정에서 반공의 이름으로 활동하는 검사의 무소불위와 막강함에 대해서는 꼼꼼히 보여준다. 이 책을 추천한 이가 당시 중앙정보부장 김형욱이라는 사실도 의미하는 바가 크다.

오제도에 대한 평가는 극단적이다. 반공검사로서 그의 면모를 영웅화하는 평가는 더 언급할 필요가 없을 것이다. 김두식 교수는 오제도가 "학력과 경력에 대한 집착"이 많았다 한다.[13] 그는 와세다대학 '전문부'(3년제) 법과 졸업 후 1940년부터 신의주 지방법원에서 서기 겸 통역생으로 일했다. 이때 오제도는 사상검사 나가사키 유조의 사상전향 정책이자 (권력)기술인 '대화숙' 사업에 영향을 받았는데, 일제 식민지 검찰의 사상통제와 전향의 방법과 기술을 익혔던 것으로 보인다. 그러나 1945년 해방 당시 7년 이상의 경력을 갖추지 못해 검사가 될 수 없었고, 1946년 9월 19일 실시된 '시험 없는' 판검사 특별임용시험을 통해 검사가 되었다.

오제도 검사는 열등감으로 월등한 학력과 경력을 가진 피의자들을 "참으로 모질게 다뤘다"고 한다. 그는 반공·타공 전선에서 직접 수사하거나 수사를 지휘하면서 수사 피의자의 고문과 사건 조작을 서슴지 않았는데, 검찰은 오제도 검사의 '타공打共 선봉장'으로서의 활약이 검찰권 강화에 부응하는 한 그를 용인하고 비호했다. 김익진 검찰총장 시기에는 평안도 인맥으로 '공안 라인'을 장악하고 오제도 검사를 끌어주고 밀어주었다.

# 국가보안법, 사상검찰을 거듭나게 하다

1948년 12월 1일 국가보안법 제정은 사상검찰의 재조직화에 큰 계기로 작용했다. 다만 국가보안법은 검찰이 기획하고 준비한 것이 아니었다. 이인 법무부 장관과 권승렬 검찰총장은 법을 제정하는 국회 독회 과정에서 이 법이 내포하고 있는 예비검속적 성격, 즉 어떤 개인이나 집단의 마음속에 있는 목적을 사전에 판단해 처벌하는 것이 일반 형사법의 원칙에 어긋난다는 견해를 피력했다. 그랬더라도 검찰은 일제 식민지 '사상사법'의 경험 속에서 국가보안법의 시행이 검찰권을 강화하는 데 절호의 기회라는 걸 알았다. 그 기회를 현실로 만들기 위해서는 많은 준비가 필요했다. 이 법으로 수사 및 기소 기관에 엄청난 권한과 재량이 부여될 것이고, 이를 둘러싸고 경찰과 군 수사기관과의 주도권 싸움이 매우 치열하게 전개될 터였다.

1948년 (과도)검찰청법은 대검에 정보과, 지검에 수사과 설치를 규정하고 있지만, 여러 현실적 제약으로 대검에 정보부서를 설치하는 대신 서울지검의 '사상계 사무'를 더 특화하는 방향으로 나아갔다. 장재갑 부장검사를 중심으로 정보부에 오제도, 선우종원, 정희택 검사를 배치해 사상검찰을 재조직화했다.

사상검찰은 사상범죄 처리의 구체적인 실무 방침을 세워 나갔다. 먼저 '사상범'을 정치범과 분리시키고 부정적인 이미지를 덧씌우는 작업을 했다. 일제 사상범=정치범=독립운동가 인식이 지배해 사상범 용어를 적대적으로 쓰는 데 어려움이 있었기 때문이다. 이런 맥락에서 "건국을 방해하는 범죄" 용어의 등장이 중요하다. 이때부터 "납치, 감금,

파괴, 살상 등 정치적 색채를 띤 사건의 관계자"를 더이상 정치범으로 취급하지 말고, '적색사상'을 가진 '파렴치범'으로 처리하게 되었다.[14] 이로써 사상범을 전문 처리하는 사상검찰의 존재 이유가 확보됐다.

다음으로, 사상검찰은 1948년 12월 27일 전국 검찰감독관회의(검사장회의)에서 국가보안법의 구체적 해석과 운용 지침을 마련했다. 이 회의에서 오제도 검사는 서울지검 명의로 제출된 〈자문답신안〉을 써서 냈다. 그 내용은 일제 식민지 검찰의 사상범 처리 방법과 기술을 답습했다. 우선, 수사 주재자로서 사상검찰의 위상 강화를 강조한다. 수사 단계에서 경찰을 지휘해 '사상 관계 요시찰인'을 사찰해 정보를 수집하고 '검사 직접 수사'체제를 확립해야 한다는 것이다. 그리고 기소 단계에서 전향 가능한 사상범 피의자에 대한 공소를 보류하고 사회로 복귀시킨 후 감시하고 보호, 지도하도록 한다. 이 공소 보류처분제는 일제 식민지 사상검찰의 '유보처분'이라는 권력기술과 거의 같다. 마지막으로 엄벌주의 기조 아래 사상범을 처벌하되 "사상의 시정", 즉 '개전의 정'(잘못을 뉘우치는 마음)이 있는 사상범 피의자는 교화해서 "공산당을 때려잡는 반공 전위대"로 삼도록 실무 방침을 세우고 있다. 일제의 사상범보호관찰소, 사상보국연맹과 대화숙의 방법과 기술이 오제도를 거쳐서 1949년 국민보도연맹의 조직 발상으로 이어졌음을 보여준다.

오제도의 구상은 검찰감독관 회의에서 그대로 채택되었다. 사실 회의에 참석했던 법무부 장관과 검찰 수뇌부들은 식민지 검찰 및 변호사 경력을 갖고 있던 인물들로, 식민지 검찰의 사상 문제 대책에 매우 익숙했다. 이후 오제도 검사는 이 〈자문답신안〉과 회의에서 논의된 여러 문제에 대해 경찰학교, 각 경찰서, 헌병학교 등에서 "국가보안법에 대한 법

조문 해석과 통용 한계"를 강의했고, 이를 정리해 1949년 8월《국가보안법 실무제요》를 발간했다. 이 책자는 국가보안법의 법리적 설명이 아니라 법을 실무적으로 운용할 때 활용할 수 있는 지침들을 묶어놓은 것이다. 부록에 각종 조서, 보고서, 작성례와 좌익 용어 해석, 좌익 기구 및 조직 체계표 등을 실었다.

〈사진 2〉
1949년 8월에 발간된《국가보안법 실무제요》초판본.
이 초판본은 1만여 권이 팔려나갔다고 전해진다.

# 1949년 반공 드라이브

1949년은 사상검찰에게 매우 중요한 해였다. 반민특위 습격 테러, 국회프락치사건, 김구 암살 등으로 전개된 1949년 '6월 공세' 속에서 검찰, 경찰, 헌병, 육군 방첩대는 '타공 투쟁' 능력을 이승만 대통령에게 인정받고자 과당 경쟁을 벌였다. 검찰은 김익진 검찰총장의 지휘 아래 서울지검 '사상 라인'에 이태희 검사장, 장재갑 정보부장, 오제도와 선우종원 검사 등 '서북파'로 채워 반공 드라이브를 걸었다.

검찰이 실질적 성과를 내기 위해서는 검찰의 기소 지휘만으로 역부족이었고, 독자적 수사 지휘가 가능해야 했다. 그 계기는 국회프락치사건에서 마련됐다. 이 사건으로 김약수 국회 부의장 등 소장파 의원 총 18명이 구속됐다. 5명은 국민보도연맹 가입 등을 조건으로 기소유예(공소보류) 처리되었고, 나머지 13명은 기소되어 재판을 받았다. 이에 대해 당시 당국 발표와 달리 최근 학계에서는 정치적 목적을 위해 인위적으로 조작된 사건으로 보는 견해가 많다. 제헌국회 내에서 정부에 비판적 목소리를 낸 소장파 그룹을 파괴하기 위해 위에서는 이승만 정부와 민주국민당이 공조하고, 아래에서는 서울지검 정보부, 서울시경 사찰과 헌병대가 수족이 되어 활약한 결과였다는 것이다.

여기서 서울지검 정보부의 수사 지휘 활동이 주목된다. 《좌익사건실록(상)》(1964)과 《서울지방검찰청사》(1985) 등 당국의 자료와 오제도의 회고를 보면, 오제도 검사가 서울시경 사찰과와 공조해 김호익의 특별수사팀을 지휘해 국회프락치사건을 적발했다 한다. 이에 대해 '여간첩'

정재한에게서 나온 암호문서(증 제1호)를 가공해 끌어와서 대형 국회프락치사건으로 인위적인 조작을 했다고 비판하는 연구들도 오제도 검사의 수사 지휘가 결정적이었다고 지적한다. 미군정기 내내 검찰은 기소 지휘에 국한된 채 경찰에 대한 수사 지휘가 거의 불가능했고, 검찰청법 제정 후에도 사정이 바뀌지 않았는데, 국가보안법 제정 이래 첫 '중대사건'인 국회프락치사건을 계기로 사상검사가 수사 지휘에 나섰던 것이다. 게다가 내사 단계에서는 서울시경 사찰과, 2차 검거 후 취조 단계에서는 헌병과 협력했다.

## 반공방첩 신화의 고전, 국회프락치사건

민간인 접근이 불가능한 헌병사령부에서 오제도 검사와 헌병대 수사관이 현직 국회의원을 밀실 수사하는 상황은 변호인 접견을 차단한 채 '소통 불능' 상태에서 행해진 반복적인 고문이었다.[15]

현직 국회의원들이 극심하고 반복적인 고문을 받고 거짓 자백을 한 것은 재판에서 피고의 고백문과 최후 진술, 변호사의 변론, 판사의 사실심리 과정에서 분명히 드러났다. 그럼에도 판사는 고문이 아주 당연하다는 식으로 대응했고, 그 자백에 신빙성을 두었다.[16]

김옥주 의원이 있었다. 그도 헌병대에서 가혹한 고문 취조를 받았고, '고백 원문'(자백문)을 제출했는데, "취조와 고문 등"과 관련해 "당하는 사람도 쓰라리지마는 하는 사람도 참으로 못할 노릇"이라는 심경을 우회적으로 토로한 바 있다. 이 문장은 황윤호 의원의 자백문처럼 검열

〈사진 3〉
국회프락치사건 선고 공판을 보도한 기사.
《동아일보》1950년 3월 15일 자.

돼 흑색으로 지워지지 않았다.[17] 그런 일을 당한 김옥주 의원에게 오제도 검사는 1950년 2월 10일 결심 공판에서 6년을 구형했다. 그러면서 와세다대학 동기동창으로 가까운 친구였는데 검사와 피고로 만나 가슴 아프다고 말을 했다. "김옥주를 감옥으로 면회 갈 때 그가 좋아하는 말눈깔사탕을 사다 주기도 했고 조사가 끝난 후 정담을 나누기도 했다"며 "친구를 단죄하는 것은 인간적으로 감당하기 어려웠다"고 각색한다. 오제도의 말을 바탕으로 그를 반공 히어로로 그려낸 《특별수사본부》(1972)의 〈국회프락치사건〉 편에서도 "국가와 우정의 기로에서" 오제도의 이런 인간적인 모습을 부각시킨다.[18]

오제도와 검찰은 수사를 지휘하면서 고문으로 자백을 받아냈다. 국회프락치사건 변호인들이 고문 자백의 증거능력을 문제 삼고 있다. 그런데 기만적으로 우정을 말하는 오제도의 모습을 우리는 어떻게 이해해야 할까?

1949년의 국회프락치사건은 '프락치' 반공방첩 신화의 고전 텍스트다. 이 사건 이후 한국에서 '프락치'는 오랫동안 '빨갱이'처럼 저주받은 낙인으로 각인되었다. 각인되면, 그것이 사실이든 아니든 상관없이 사회로부터 추방되어야 할 존재가 되었다. 가혹한 고문을 받아도, 조작된 증거로 '사법살인'을 당해도 사회는 이의를 달지 않았다. 특히 당시 언론은 수사 당국이 발표하거나 누출한 범죄 혐의를 아무런 검증 없이 '사실 보도'의 이름으로 진실인 것처럼 보도했다. 현직 국회의원 18명이 납치되듯 고문 수사를 받고 재판 없이 장기간 구금(최장 1년 가까이 미결 구류)되어 있는 사실에 대해서는 거의 주목하지 않았다.[19]

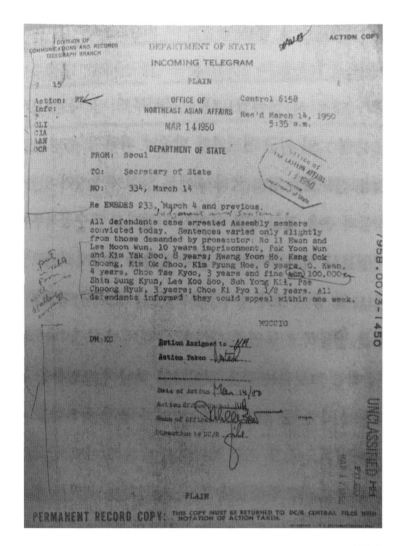

〈사진 4〉
주한미국대사관 그레고리 핸더슨이 미 국무부에 보낸 국회프락치사건
선고 공판 관련 발송문(1950년 3월 14일).

1949년 11월 17일 첫 공판부터 1950년 3월 14일 선고 공판에 이르기까지 공소 유지를 담당한 오제도, 선우종원 검사 등과 사광욱 판사 등 재판부는 환상적인 '공안 재판'을 연출해냈다. 일제 때 사상검사와 사상판사들의 '케미'를 떠올리게 했다. '소장파 의원' 13명에게 최고 10년부터 최하 3년에 이르는 실형이 내려졌다. 마찬가지로 떠들썩했지만 사건 피의자가 검사, 판사, 변호사였던 법조프락치사건 관계자들이 집행유예 또는 무죄판결로 일단락된 것과 대조적이었다.[20]

## 국가폭력 그 자체, 경찰과 군 수사·정보 기관

국회프락치사건은 법조프락치사건으로 확대되었다. 이때까지만 해도 검찰, 경찰, 헌병대는 환상적인 '콤비 플레이'를 벌이는 듯 했다. 그러나 곧바로 사상검찰의 수사 지휘는 반공 투쟁에 한정된 것이었음이 판명됐다. 사상검찰의 조직과 역량은 경찰, 헌병, 군 방첩대에 비할 때 우위에 있지 못했다.

사상검찰은 국회프락치사건과 비슷한 시점에 터진 경찰 및 군 수사·정보 기관의 불법체포와 고문치사사건을 기회로 활용했다. 국회와 일반 여론에 경찰과 헌병대, 육군 방첩대의 불법수사 행태와 인권 침해를 견제할 수 있도록 힘을 실어줄 것을 호소하는 한편, 국회에서 심의 중이던 검찰청법을 조속히 통과시켜달라고 요청했다. 그 결과 1949년 12월 19일 헌병과 국군 정보기관의 수사 한계에 관한 법률(법률 제80호)이, 12월 20일에는 검찰청법(법률 제81호)이 공포됐다.

헌병과 국군 정보기관의 수사한계법의 핵심은 민간인 수사, 구속, 구금을 제한하는 것이다. 방첩대 등 군 정보기관의 민간인 범죄 수사는 완전히 불법화되었고, 헌병 등 군 수사기관은 반드시 검사의 지휘를 받도록 했으며, 형사소송법에 근거하되 긴급구속은 할 수 없다는 조건 아래 허락됐다. 이를 위반했을 때 1년 이상 10년 이하 징역에 처하도록 했다. 또한 헌병대 유치장 또는 영창에 불법구속자는 없는지, 구속·구금자 가혹행위는 없는지 군법무관이 감찰하도록 했다.

검찰청법은 정부 수립 직전 제정된 (과도)검찰청법의 연속에 있으며, 신설 조항도 있다. 바로 대검 직속 중앙수사국 설치, 검찰수사관제도 도입, 사법경찰관에 대한 직무(수사) 중지 명령권 및 체임(교체) 요구권이다. 중앙수사국은 범죄 수사의 지도 연구, 검찰총장이 중요하다고 인정하는 범죄 수사를 맡으며, 산하에 수사과, 사찰과, 특무과를 두었다. 그리고 서기 외에 별도로 검사를 보좌하고 그 지휘를 받아 범죄 수사를 할 수사관을 두고 있다. 미국 연방수사국FBI을 모델로 해 검찰총장 직속의 전국적인 범죄 수사를 지휘 감독하고 중대 사건을 직접 수사할 수 있게 했다. 또한 사법경찰관에 대해 지검장이 수사 중지 명령 등 경찰에 대한 검찰의 수사 지휘권을 더 명확하게 했다.

두 법은 검찰 중심의 수사 지휘와 수사기관 일원화의 의지를 전면에 드러낸 것이다. 경찰과 군 수사·정보 기관이 크게 반발했지만, 국회와 언론은 큰 논란 없이 검찰의 손을 들어주었다. 경찰과 군의 불법체포, 고문 취조를 통한 자백 강요 등 '거악巨惡'의 수사 관행에 '차악次惡'인 검찰이 견제해주길 바라는 심리가 깔렸던 것으로 보인다. 1949년 6·6 반민특위 습격, 6·26김구 암살, 여타 프락치사건들, 그 밖의 국가보안법 위반 혐의사건 처리에서 경찰과 군 수사·정보 기관의 행태는 사실상 국가폭력과 테러 그 자체였다.

검찰도 이런 행태로부터 자유롭지 않았지만, 국회와 언론은 최소한의 합리성과 절차성은 갖출 것이라 보고 상대적으로 나은 선택을 했을 것이다. 검찰도 다른 기관과 마찬가지로 '타공 투쟁'에 적극적이어서 반공사법에 내포된 정권안보 사법의 성격을 드러내기도 했지만, 때론 검찰의 중립성을 극단적으로 침해하는 대통령과 대립하는 모습도 보여줬기에 더 그랬을 것이다. 검찰을 위해 이승만 대통령과 대립하는 김익진 검찰총장이나 최대교 서울지검장의 모습은 최고 권력자의 충복으로 활동하는 다른 기관과 비교됐다.


## 사상검찰 산실의 공식 기구화

그러나 그건 어디까지나 검찰조직을 위한 것이었다. 두 법의 제정으로 경찰과 군 수사·정보 기관의 불법수사와 구금, 고문 사례가 줄었는지는 검찰의 궁극적 관심사가 아니었다. 주도권 경쟁에서 우위를 차지해 검찰권을 강화하는 것이 최우선이었고, 일등공신은 서울지검 공안라인의 정보부 검사들이었다. 1949년 12월 2일 검찰은 대검을 비롯해 서울고검과 대구고검, 그리고 각 지방검찰청에 정보부를 설치하고, 대검·고검·지검의 차장검사를 정보부장에 임명하며, 정보부 전담 검사도 1명씩 배치한다는 발표를 했다. 이미 궤도에 올라와 있던 서울지검 정보부에 대해서는 부장검사 1명을 정보부장으로 전임하게 하고, 정보

부 검사 5명을 전담 배치한다고 밝혔다.[21]

이 조치로 사실상 사상검찰의 산실이었지만 조직체계상 애매모호했던 기존 서울지검 정보부가 공식적으로 제1정보부(또는 정보 1부)로 재편되었다. 이와 함께 장재갑 정보부장은 서울지검 차장검사로 승진했고, 오제도 검사가 새로운 제1정보부장이 되었다. 이렇게 이태희 서울지검장, 장재갑 차장검사, 오제도 제1정보부장, 선우종원 검사(법무부 검찰과장 겸직)로 이어지는 평안도 공안라인이 전국 검찰의 정보부와 연계되는 사상검찰 진용이 일차 완성되었다.

서울지검 제1정보부는 대검 중앙수사국이 아직 발족되지 않은 상태에서 숱한 '사상전'을 벌였고 반공사법 확립의 선봉장이 되었으며 검찰은 물론 정국에 큰 영향을 끼쳤다. 그러니까 검찰이 '공안계'와 '특수통'이라는 쌍발 엔진으로 날아다니기 전에 정보부가 그 역할을 했다.

그러다보니 대공 투쟁의 경쟁기관뿐 아니라 여러 정치세력에 의한 견제가 상당했다. 역사적으로 보면, 권력자나 권력기관 간 암투와 갈등이 문제를 항상 표면적으로 드러나게 하는데, 1950년 4월 '대한정치공작대사건'도 그러했다. 이 사건은 대통령 직속 정보·사찰·수사를 할 수 있는 최초의 민간 정보기관 설립에 대한 이승만 대통령의 욕망과 이에 부응하면서 '정적' 제거를 시도하던 일부 친이승만 정치세력이 벌인 조작사건이다. 그 정적 명단에는 김성수, 조병옥, 김준연 등 반이승만 성향의 유력 정치인과 그 계열의 군경 수뇌부뿐 아니라 신성모 국방부장관 같은 또 다른 친이승만 인사도 포함하고 있었다. 게다가 타공 진영의 선봉장 오제도 정보부장과 최운하 서울시경 사찰과장도 포함되어 있었다. 검찰은 이 사건을 인지 수사했고, "빨갱이 허위 모략 조작"[22]을 밝혀냈다.

오제도는 한참 세월이 지난 후 회고에서 대한정치공작대 창설 배후 세력이 이승만 대통령에게 자신을 모함했다고 했다. 오제도가 전국 규모의 국민보도연맹을 조직한 것이 대권을 꿈꾸기 위한 것이고, 고향이 평안북도로 흥사단 계열이니 야당에 속한 사람이라는 것, 공산당의 전향을 위해 아량을 보이는 것이 수상하다 했다는 거다.[23]

## 사상검찰은 그대로, 바뀌는 건 사람뿐

이런 허위 모략의 배경에는 오제도 검사의 '힘'에 대한 견제가 자리하고 있지 않나 생각한다. 오제도 검사는 서울지검의 일개 정보부장에 불과할 수도 있지만, 사상검사에게 부여된 수사 및 기소와 기소유예 권한을 통해서 정국을 좌우할 힘을 가진 반공사법, 공안사법의 실무 지휘자였다. 사상사건의 인위적 창출과 조작은 그와 사상검찰진에도 능숙한 방법이자 도구 같은 것이기도 했다. 당시 이승만 대통령은 대한정치공작대사건을 기소하지 말라고 요구했지만, 김익진 검찰총장은 불기소처분이 불가하다고 회답했다. 국회에서 국회조사단에 의한 진상 보고가 이루어졌고, 언론도 이 사건을 대대적으로 보도했는데, 이 사건을 완전히 없었던 것처럼 덮기는 어려웠다.

서울지검 제1정보부와 대검 차장검사의 수사 및 기소 지휘는 이 사건을 '추악한 정치브로커의 음모' 수준으로 축소했지만, 이것도 대통령의 눈 밖에 났고, 법무부 장관과 검찰총장은 인사 교체를 당했다. 특히 김익진 검찰총장은 서울고검장으로 좌천되는 수모를 겪었다. 그러나 사람만 바뀔 뿐, 사상검찰 조직의 위상과 제도화된 권한에는 거의 타격이 없었다.

2부

영웅과 신화의 사각을 보다

# 시각화된 영웅 맥아더, 사각화된 주민 대학살

4월 제주, 5월 광주처럼 9월이 오면 인천에 한동안 시선이 머문다. 시작은 인천 자유공원이다. 그곳에는 월미도를 내려다보는 거대한 맥아더 장군의 동상이 서 있다. 인천상륙작전 신화의 시작인 팔미도 등대에 부조로 새겨진 또 다른 맥아더 장군을 마주보고 있는 걸까? 두 시선이 닿는 인천과 섬, 바다 곳곳에는 상륙작전과 호국영령을 기억, 기념하는 전쟁기념물들이 포진해 있다. 맥아더로 시작해서 맥아더로 끝나는 '냉전 경관'이 펼쳐져 있다. 상륙작전 재현 행사도 전쟁 축제로 매해 반복되고 있다. 전쟁을 재현하는 장소에서 안보를 관광상품으로 진열하고, 지역경제 활성화도 끼워 팔고 있으며, 심지어 평화라는 말도 내걸었다. 이 평화는 어떤 걸까? 반공 만화영화에 나오는 "세계평화" 같은 걸까?

## 한쪽선 구국 영웅, 다른 쪽선 분단 원흉

정전협정 65주년이었던 2018년 7월 27일, 자유공원에 있는 맥아더 장군 동상 방화사건이 있었다. 평화협정운동본부 회원 2명이 "점령군 우

94 ──── 2부

상 철거와 미군 추방"이라는 펼침막을 내걸고 저지른 행동이었다. 종전과 평화를 향한 힘든 여정이 남북한과 미국 앞에 놓여 있는 이때, 맥아더 동상 방화는 어떤 사명감에서 저지른 행위일까? '동상'이니 왼쪽 발이 불에 그슬린 정도로 그쳤지만, 의문이 떠나지 않는다. 불을 지른 사람들이 말하는 평화란 무엇일까?

이 일이 있자 일각에선 맥아더 장군을 "화형"에 처한 "반미 종북"들을 증오 선동하는 목소리가 터져나왔다. 그걸 보니 2005년 맥아더 동상 철거를 둘러싼 격한 갈등과 충돌이 떠올랐다. 맥아더는 한쪽에선 "대한민국을 구하고 자유진영을 수호한 영웅"이었지만, 다른 쪽에선 "민족분단의 원흉이자 민간인 학살의 책임자"였다. 급기야 한 사설은 맥아더의 공과에 대한 사실 관계 규명과 학문적 평가에 학계가 나서라는 주문을 하기도 했다.[1] 그 후 맥아더는 신화가 아니라 학술적 연구의 대상이 됐지만, 그렇다고 추가 어느 한쪽으로 급격히 기울어지지는 않았다. 인천상륙'작전'에 한정한다면, 여전히 맥아더의 역할에 대한 긍정적인 평가가 주를 이룬다.

새삼 맥아더의 과오와 인천상륙작전의 성공을 깎아내리는 방식으로 글을 보태지는 않겠다. 신화화된 영웅과 성공한 군사작전 이면의 또 다른 진실을 드러내는 것은 차고 넘치는 사실들 가운데 같은 줄기에 있는 사실 조각의 일부를 그럴듯하게 엮어서 부정적인 면모를 드러내는 것으로 해결되지 않는다. 상충되는 사실의 조각들 속에서 긍정이냐 부정이냐를 떠나 비균질적이고 복잡한 면모를 드러낼 수 있어야 한다. 그런 작업이 짧은 글에서 어떻게 가능하겠는가?

그보다 난 맥아더의 이야기His-Story에 압도되고 가려진 인천상륙작전에 얽힌 다른 이야기들his−stories이 무척 궁금하다. 상륙작전에 참여한 미군 병사나 한국 해병대 병사의 이야기, 포로가 된 인민군의 이야기도 있을 것이다. 무차별 폭격과 포격, 소탕전이 전개됐던 장소에서 살아남은 주민의 이야기도 있을 것이다. 이 이야기들을 자유/공산 진영이라는 냉전적 대결 구도로 각색시키지 않은 채 들려줄 수는 없을까?

## 민간인 피해 외면한 시선

이 이야기들을 인천상륙작전 전쟁사진의 '시각'과 '사각'을 통해 길어 올리는 것은 어떨까? 노르망디 상륙작전에 이은 최대 상륙작전이었던 만큼 육군, 해군, 해병대, 공군 사진병들과 함께 민간인 종군사진가들이 참여했다. 주로 '우리' 아군의 전쟁 스펙터클의 절정과 승리가 시각화됐지만, '그들' 적군의 죽음과 포로 상태에도 시선이 머물렀다. 작전 지역 안에 있었던 주거 지역의 민간인, 피란민들은 어떻게 포착됐을까?

미군 사진병은 미군의 인도주의적인 대민구호 활동(치료, 식량 배급 등)을 어김없이 응시했지만, 무차별적인 대민 폭격·포격의 결과, 특히 민간인 인명 피해에 대해서는 외면하거나 비틀린 시선을 보여주었다. 거의 사각화된 것이다. 이와 대조적으로 포토저널(사진잡지) 소속 민간인 종군사진가의 시각이 매우 흥미롭다. 전쟁의 스펙터클을 놓치지 않으면서도 대규모 상륙작전의 대량 폭력이 민간인들의 삶을 어떻게 파괴하고 할퀴었는지 보여준다.

〈사진 1〉
"스트러블 제독의 배를 타고 월미도로 향하는
맥아더 장군 등 군 수뇌부(1950. 9. 15)."

〈사진 2〉
"넉 대의 LST에서 하역된 사람과 장비들.
해변에는 석 대의 LST가 있다(1950. 9. 15)."

〈사진 1〉과 〈사진 2〉는 맥아더 장군과 인천상륙작전을 포착하는 전형적인 시각을 보여준다. 맥아더가 지휘함 맥킨리호에서 10군단장 알몬드E. M. Almond 소장, 미 극동사령부 군정국장 휘트니C. Whitney 준장 등과 인천에 대한 포격·폭격을 망원경으로 관찰하는 모습을 담은 사진은 매우 유명하다. 그 후 그는 〈사진 1〉에서 보이듯 미 7함대 스트러블A. D. Sturble 제독의 배를 타고 상륙작전이 전개된 월미도로 향했다. 이런 장면들은 연출된 것이다.

맥아더는 심리전과 선전 감각이 뛰어나 공식 자리에서뿐 아니라 전장에서도 거의 전속 사진병을 대동해 자신을 중심으로 기록사진을 남기도록 했다. 인천상륙작전은 71통신대 A중대 포터R. L. Porter 중위가 중심이 되어 맥아더를 밀착 마크해 이 임무를 수행했다. 맥아더가 그의 사진 속 시각과 연출 장면에 만족해서였을까? 포터는 훈장을 받았고, 대위가 됐다. 〈사진 2〉는 인천 내항에 펼쳐진 갯벌을 통해 악명 높은 인천의 조수 간만의 차를 극복하고 성공한 상륙작전을, 함정과 LST에서 쏟아져 나왔던 탱크, 야포, 트럭 등 각종 군수 장비와 보급품을 원경으로 포착해 미군 무기체계의 우월성과 압도적인 보급 상태를 상징적으로 포착한다.

〈사진 3〉은 인천상륙작전에 참전한 국군 해병대 병사들이 북한군 포로를 감시하고 있는 모습을 포착하고 있다. 북한군 포로를 경계 감시하고 있으면서도 해병대 병사들의 시선들이 엇갈린 채 포로에만 머무르고 있지 않다. 무슨 생각을 하고 있을까?

〈사진 3〉
"국군 병사들이 유엔군의 인천상륙작전 때 사로잡힌
북한 공산주의자들을 후방의 포로수용소로 이송시키기 전에
감시하고 있다(1950. 9. 16)."

# 공산주의자 포로 앞의 제주 청년들

2018년 4월 문재인 대통령이 '제주4·3 희생자 추념일 추념사'에서 언급한 내용이 떠오른다. '4·3' 당시 '빨갱이'로 몰려 총상을 입었고 가족을 잃었던 제주 청년들이 해병대에 입대해 인천상륙작전에 참전하는 등 "죽음을 무릅쓰고 조국을 지켰다"는 문 대통령의 말에 울컥하고 말았다.

그랬다. 나이 어린 중학생들을 포함해 제주 청년들이 혈서를 써가며 해병대에 3, 4기로 지원했다. 그 수가 약 3,000명이었다. 언제 '빨갱이' 낙인이 씌워질까 전전긍긍하지 않고 자신도 살고 가족도 살리기 위해서였다. 인천상륙작전에서 '서울 수복'에 이르는 전투를 거듭하며 귀신 잡는 해병이 되어갔다.

〈사진 3〉의 해병대 병사들, 그러니까 제주 청년들은 공산주의자 포로를 앞에 두고 어떤 생각과 감정이 들었을까? 자신이 살아있음에 안도하면서도 '빨갱이'를 많이 때려잡는 전과를 세우고 스스로를 국가에 입증해야 한다고 생각했을까? 제대 후 몸이 성하든, 상하든 제주 집으로 돌아왔을 때 입대 전에 분명 살아있던 부모와 가족의 죽음을 마주한 경우가 있다 들었다. 제주도에서는 계속 '잔비 토벌'이 이루어졌고, 그 과정에서 살해됐던 것이다. "내가 왜 군대 갔는데 ……"라는 피눈물 나는 울음소리가 터져나왔을 것이다. 그런데 문 대통령은 제주 청년들의 해병대 입대와 전쟁기계가 됐던 이야기를, 이념이 만든 비극을 화해와 용서로 이겨낸 사례로만 소환해버렸다.

〈사진 4〉는 해병대 사진병 커F. C. Kerr 병장이 촬영한 것으로, 아군 작전 성공의 결과 적 인민군이 처하게 된 상황을 포착하고 있다. 고작 1

〈사진 4〉

"해병대 탱크 승무원이 다음 목표물에 대한 지시를 받고 있다.
사진에는 인민군 부상병이 위생병을 기다리고 있다(1950. 9. 15)."

개 대대의 병력으로 월미도를 방어한 북한 인민군은 유엔군의 압도적인 무력 앞에 무기력했다. 261척 함정과 수많은 폭격기의 대규모 작전 앞에 고작 4개 포대는 너무 초라했고, 미군과 한국 해병대의 상륙에 저항했던 간헐적인 저격은 자살행위나 다름없었다.

〈사진 4〉를 보면 미 해병대와 탱크는 다음 작전을 준비하고 있지만, 인민군 부상병들은 탱크 앞에 발가벗겨진 채 누워 있다. 이 사진을 보니 댄젤R. L. Dangel 상병이 촬영한 인민군 포로의 죽음을 포착한 사진이 연상된다. 포터 중위와 마찬가지로 맥아더 장군의 전속 사진병이었던 그는 한국전쟁에 가장 처음 참전한 사진병 가운데 한 명이며, 월미도 상륙 때에도 마찬가지였다. 가장 선두에서 병사들과 작전을 함께하며 촬영하기 때문에 아군과 적군의 죽음과 포로로 포획되는 상황을 사실적으로 포착하곤 했다.

그런 그가 벌거벗은 인민군 포로들의 죽음을 포착한 사진에서 다음과 같은 캡션을 달았다. "3명의 북한군 병사가 미군이 월미도에 상륙작전을 하는 동안 쓰러져 있다." 그들은 포로로 잡혀 발가벗겨졌다가 부상이 심해 죽었을 수도 있고, 포로가 된 후 사살됐을 수도 있다. 그런데 댄젤은 "쓰러져 있다"는 캡션 기록을 남겼다. 렌즈로는 포로의 죽음을 응시하면서도 캡션으로 그 죽음을 시각화하고 있는 셈이다.

〈사진 5〉와 〈사진 6〉은 작전 지역에 있던 주민들이 겪은 참상과 공포를 보여준다. 〈사진 5〉는 월미도 주민이 미 해병대 병사들에게 월미도의 지형을 설명해주는 것을 시각화하고 있지만, 정작 내 눈을 사로잡은 것은 불타고 있는 민가였다. 월미도 상륙과 소탕전에 대한 사진이 꽤 많지만, 대부분 아군의 작전과 적군 포로만 피사체로 포착할 뿐, 주민과

〈사진 5〉
"월미도 원주민이 통역을 통해
미 해병에게 지형을 말하고 있다(1950. 9. 15)."

〈사진 6〉
《픽처 포스트》는 "석 달 동안 두 번 해방됐을 때 인간성에 어떤 일이
벌어지는가를 보여준다" 는 사진 설명을 달았다.

마을의 피해는 철저히 사각화되어 있다.

월미도에는 9월 10일부터 '무력화 작전'이 전개됐다. 14기 해병대 폭격기 편대가 북한 포병부대의 엄폐물을 불태우기 위해 네이팜탄 폭격과 기총소사 공격을 가했다. 당시 공습 보고서에 따르면, 폭격기 편대의 임무는 120가구 600여 명의 주민들이 살고 있던 마을이 있는 월미도 동쪽 지역의 집중 폭격과 마을 전소였다. 30여 가구 중 상당수가 온 가족이 몰살당했고, 100여 명의 주민이 학살당했다.[2] 이 사건은 폭격작전의 '부수적 피해'가 아니라 명백하게 민간인 마을이 군사적 목표물로 간주됐기 때문에 벌어진 '무차별 파괴'였다. 월미도뿐 아니라 인천 시가지도 마찬가지였다.

진실화해를 위한 과거사정리위원회의 조사에 따르면, 미군에 의한 민간인 학살사건에서 가장 큰 비중을 차지한 것이 폭격으로 인한 것이었다.[3] 네이팜탄을 이용한 무차별, 초토화 폭격과 기총소사로 '청소'하는 작전을 벌인 이유는 민간인 마을을 적의 보급지로, 민간인을 '흰옷으로 변장한 적군'으로 인식했기 때문이다.

〈사진 6〉은 앞선 사진들과 달리 영국의 유명한 포토저널《픽처 포스트》의 종군사진가 하디B. Hardy가 촬영한 것이다. 네이팜탄의 피해를 받은 한 노인이 어디론가 걸어가고 있고, 그 뒤를 한 소녀가 걱정스러운 표정으로 따르고 있다. 뒤의 아이를 안은 여성과 또 다른 여자아이가 두 손을 들고 걸어가고 있다. 그 뒤로 파괴된 채 연기가 올라오는 인천 시가지의 모습이 보인다. 미군 사진병이 촬영한 사진에서는 쉽게 볼 수 없는 장면이다.

"미군은 민간인들을 '우리'로 확실히 식별하지 못해 의심하고 무차별적으로 파괴했던 '압도적 파괴자'이지만, 동시에 부상을 치료해주고 먹을 것을 주며 주거지를 마련해주는 '숭고한 구원자'이기도 했다."[4] 미군 사진병의 임무는 미군을 숭고한 구원자로 기록, 재현하는 것이었지, 무차별 파괴자의 면모를 드러내서는 안 됐다. 이에 반해 민간인 종군사진가는 마찬가지로 검열이 작동했지만, 사진병보다 자유로웠다. 특히 하디는 포로 상태와 민간인 피해를 휴머니즘의 시각으로 포착해 유엔군은 물론《픽처 포스트》소유주의 원성을 사곤 했다.

## 종전으로 가는 길, 진짜 평화를 찾아서

맥아더 주연의 전쟁 스펙터클을 전형적으로 드러내는 〈사진 1〉, 〈사진 2〉와 달리 그 뒤 사진 4장은 아군과 적군, 민간인 남녀노소 할 것 없이 전쟁으로 맞닥뜨리게 되는 참혹한 현실 속에서 살아남았던 이야기들을 들려준다. 그 이야기들을 들을 수 있는 귀들이 많아질 때, 그 귀를 가진 '우리'가 많아질 때, 맥아더로 시작해 맥아더로 끝나는 인천과 섬, 바다의 냉전 경관을 평화 경관으로 바꿀 수 있는 여지가 생긴다. 상륙작전을 재현하는 전쟁 축제가 월미도 공원과 바다에서 볼거리로 진열되는 모습이 매우 불편하게 느껴지고, 왜 불편한지 이성적으로 스스로 납득하고 남을 설득할 수 있을 때, 자유진영의 세계평화라는 허상에서 벗어나 냉전 분단 경계에 인접한 지역 주민들의 삶과 생활권에 진짜 평화가 찾아

올 것이다.

그 시작을 1957년 9월에 '만국공원'에서 '자유공원'으로 바뀐 이름을 원래대로 돌리고, 맥아더 장군 동상을 인천상륙작전기념관으로 이전하는 건 어떨까? 맥아더의 냉전적 자유와 정의의 가치 대신 인천을 대표하는 정치인 조봉암의 평화와 통일에 대한 사상과 실천을 보여주는 장소와 상징을 시민과 함께 공론화해보는 건 어떨까? 인천시가 살던 땅으로부터 쫓겨난 월미도 원주민들의 귀향 문제에 적극 나서서 중앙정부와 함께 해결책을 세우는 건 어떨까? 전쟁 축제 대신에 미군 폭격으로 인한 지역 피해자 위령제를 함께하고, 더 나아가 분단 적대의 바다가 평화 교류의 바다가 될 수 있도록 새로운 황해 평화축제를 기획하는 건 어떨까?

국군의 날, 10월 1일은 국군 창설의 날일까? 사실은 38선 돌파의 날이다. 대한민국이라는 분단국가가 국민에게 북진 반공통일을 기념, 기억하자는 메시지를 매년 발신하는 셈이다.

반론도 있다. 1956년 국군의 날 제정 제안서 등 관련 자료에 38선 돌파에 대한 언급이 전혀 없다는 것이다. 육군, 해군, 해병대, 공군이 각각 창설 기념사업을 해서 "산발적인 감이 있었는데", 이 기념일들을 통합해 예산을 절약하고 "통일의 대업을 성취하자"는 취지에서 '국군의 날'(대통령령 1173호, 1956년 9월 21일)을 10월 1일로 제정했다는 것이다.

## 왜 10월 1일인가

그럼에도 계속 질문해보자. 왜 10월 1일이어야 했는지를 추적하기 위해 국군의 날 제정 한 해 전인 1955년으로 거슬러 가보자. '육해공군 기념일'(대통령령 1084호, 1955년 8월 30일)이 제정됐던 해다. 해군·해병대·공군 기념일은 종래 각 군의 창설일로 변경이 없었는데, 육군 기념일만

1월 15일(조선경비대 창설일 1946년 1월 15일)에서 10월 2일로 바뀌었다. 그 이유는 "국군 제3사단 장병들이 양양전선에서 38선을 돌파한 것을 상기하여 북진통일의 맹세를 굳게 하기 위함"이었다. 게다가 이날은 '북진 반공 5주년 기념일'이기도 했다. 그런 날에 '육군의 날' 1회가 시작됐다. 한 신문 사설은 "이번 북진을 기념하는 육군의 날을 당하여 창군 10년의 빛나는 업적을 돌아보면서 앞으로 정병제일주의로써 우리의 병력이 반석같이 굳어지는 날에는 그야말로 후퇴 없는 38선의 돌파로써 우리의 통일숙원은 달성될 것"이라고 썼다.[5]

이후 각 군의 기념일을 하나로 통합해야 한다는 주장과 38선 돌파일을 국군 제3사단 23연대 3대대가 돌파한 10월 1일로 봐야 한다는 견해가 받아들여져 이날이 국군의 날이 된 것이다. 그렇다면 38선 돌파일은 무엇을 기준으로 해서 정했던 것일까? 38선 돌파의 의미와 결과는 무엇일까?

'38선 돌파'를 두고 10월 2일에서 1일로 당겨진 것은 돌파 부대의 단위가 달랐기 때문인 것으로 보인다. 애초 사단 기준(3사단)으로 했다가 전술 부대(23연대 3대대)의 최초 돌파일을 기준으로 삼으면서 날짜가 하루 당겨졌다. 이와 관련해 전설 같은 일화가 있다. 유엔군이 38선에서 멈추자 이승만 대통령은 유엔군 총사령관 맥아더 장군에게 "지체 없는 북진"을 요구했지만, 긍정적 답변을 얻지 못했고, 결국 단독으로 정일권 육군총참모장에게 '38선 돌파에 관한 명령'을 원고지에 친필로 써서 하달했다 한다. "내가 이 나라의 최고 통수권자이니 나의 명령에 따라 북진하라." 이에 정일권 총참모장이 이 대통령의 명을 따르되 작전통제권을 갖고 있는 유엔군을 난처하지 않게 하기 위한 '묘안'을 짜냈다는 일화가 그것이다. 정일권은 미8군 사령관 워커 중장을 만나 적이 국군 제3사단이 위치한 38도선 북방 고지(양양군 현북면 하조대)에서 공격을 가하고 있으니 부득불 이 고지를 점령하겠다고 보고했고 김백일 1군단장을 거쳐 김종순 23연대장에게 돌파 명령을 내렸다고 한다.

## 역사적인 '38선 돌파'를 기념하는 사진이 말하는 것

기왕 전설이니 나도 사진 이야기로 보탤까 한다. 누구나 어디선가 한번쯤 봤을, 국군 제3사단의 38선 돌파를 증거하는 유명한 사진이다. 동시에 전설 같은 일화에 대한 보조 이미지로 이해하지 않았을까? 그러나 이 사진은 그 자체로 독립적인 중요 자료로 분석돼야 한다.

〈사진 1〉은 1950년 9월 29일 주한미군사고문단 사진장교 윈슬로F. Winslow 중위가 촬영했다. 뜻밖에도 이 사진만 놓고 보면, 38선 돌파는 9월 29일에 이루어졌음을 알려준다. 사진 설명에 "38선을 돌파하는 첫 유엔군 부대가 이를 공표하는 표지판을 들고 있다. 이는 한국군 3사단이 38선 돌파라는 역사적 돌파를 이루었음을 알리기 위한 것"이었다.

사진을 보면, 국군 3사단 참모들과 미군 고문단이 함께 웃으며 포즈를 취하고 있다. '38'을 손으로 가리키고 있는 미군 장교는 에머리치R. S. Emmerich 중령이다. 정중앙에는 23연대 부연대장 서정철 중령이 정면을 바라보며 활짝 웃고 있다. 그 옆에 총을 들고 있는 밀러R. Miller 상병의 오른쪽에 38선 돌파의 주역 23연대장 김종순 대령이 웃고 있다. 정치권력만 바라보고 주특기라곤 민간인 학살밖에 없었던 '백두산 호랑

〈사진 1〉

"38선을 통과한 첫 유엔군 부대가 역사적인 돌파를 기념하여
국군 제3사단이 만든 팻말을 가리키는 모습." 1950년 9월 29일 윈슬로F. Winslow 촬영.

이' 김종원 대령 대신에 김종순 대령을 23연대장으로 적극 추천한 이가 바로 에머리치였다.

이 사진이 촬영된 1950년 9월 29일 서울 중앙청에선 서울 '수복'과 '환도'를 기념하는 행사가 열렸다. 서울 시내에선 '잔적 소탕'이 끝나지 않았다. 중앙청은 건물 일부가 파괴되고 전기도 들어오지 않아 때 이른 기념 행사였지만, 유엔군 총사령관 맥아더 장군이 수복된 서울을 이승만 대통령에게 '반환'하는 상징적인 행사였다. 인천상륙작전 이후 유엔군은 대한민국 영토를 회복했고, "침략으로 붕괴된 평화를 다시 세웠다." 맥아더 장군과 유엔군으로선 38선에서 멈춰야 하는가, 아니면 38선을 돌파해 북진할 것인가의 갈림길에 서게 됐다. 이날 이 대통령은 맥아더 장군에게 "지체 없이 북진해야 한다"고 했지만, 맥아더 장군은 "유엔이 아직 38선 돌파 권한을 부여하지 않았다"며 주저했다 한다.

여러 자료와 연구를 보니 맥아더 장군의 속내는 달랐던 게 분명하다. 38선 돌파 문제는 미군과 한국군이 암울하게 후퇴를 거듭했던 7월 중순부터 미국 내에서 뜨겁게 논의됐고, 국방부와 합동참모본부, 국무부에서 갈등했던 사안으로 국가안전보장회의NSC로 올라와 방침이 정해져 있었다. 그것이 바로 9월 1일 완성된 NSC-81 〈한국에 관한 미국의 행동절차 보고서〉와 그 수정본으로 9월 11일 승인된 NSC-81/1이다. 소련이나 중국이 개입하지 않을 거라고 가정하고 맥아더 장군에게 38선 이북 지역에서 군사작전을 수행할 수 있는 권한을 부여했다. 이 방침이 맥아더 장군에게 공식 전달된 것은 '서울 환도' 기념식 이틀 전인 9월 27일이다.

필요하다면, 상부기관인 합참뿐 아니라 트루먼 대통령과도 갈등을 마다하지 않던 맥아더였다. 마음속으론 몇 번이고 38선을 돌파하지 않았을까. 그런 맥아더조차 미국의 '38선 돌파' 결정이 영국 등 우방국에도 인정돼 유엔 차원에서 공식 결정이 이루어지는 걸 기다려야 했다. 단순한 문제가 아닌 것이다.

## 제3차 세계대전을 우려하다

'38선 돌파' 문제는 단지 38선을 둘러싼 결정이 아니라 유엔의 권력 구조가 변하는 걸 의미한다. 《판문점체제의 기원》(2015) 저자인 김학재의 논의는 흥미로운 사실을 환기해준다. 38선 돌파는 "지역의 평화와 안보를 회복"하기 위해 단지 침략을 막는 것을 넘어서 공세적인 군사적 반격을 통해 역으로 침략하고 점령하는 것을 의미했다. 방어전으로 38선을 유지하는 것은 '오히려' 평화와 안전의 가장 큰 걸림돌이기 때문에 유엔의 보다 적극적인 군사 개입을 통해서 통일을 달성해야 한다는 논리가 만들어졌다.

한국 처지에선 북한이 해방과 통일을 명목으로 "남침"을 했으니, 전세가 뒤집어진 상황에서 같은 명목으로 "북진"을 주장하는 게 뭐가 문제냐 반문하고 싶었을 테다. 그러나 유엔 내부의 사정은 보다 복잡하게 의견이 갈렸다. 영국 등 유엔군을 구성한 자유진영조차 의견이 분분했다. (방어) 전쟁을 치러서라도 양차 대전의 참화를 좌시하지 않고 평화와 안전을 지키겠다는 의지가 자칫 또 다른 공세적인 군사적 침략과 점령으로 변질되진 않을지, '38선 돌파'가 정당화되면 소련이나 중국이 개입하면서 제3차 세계대전 같은 전쟁으로 확대되진 않을지, 38선 이북 지역에 대한 점령과 통제가 현실적으로 어떤 어려움으로 나타나게 될지 지난 3년 동안의 점령과 군정 시기를 떠올리며 걱정과 우려가 태산 같았다.

결과만 놓고 보면, 우려는 현실이 됐다. 10월 7일 유엔군의 "38선 통과"를 승인한 10월 7일 결의안이 통과되자 중국은 그 전에 수차례 경고했던 대로 참전의 방식으로 '개입'했다. 중국은 '38선 돌파'를 북한에 대한 미국의 침공으로 규정했고, 중국 안보에 위협이 된다고 판단해 10월 8일 중국인민지원군을 투입하는 최종 명령을 내렸다. 10월 19일 25만 명의 중국군이 압록강을 건넜다(《사진 2》). 소련군이 지상전에 투입되진 않았지만, 비공식적으로 공군 참전이 있었음은 제법 알려져 있다. 제3차 세계대전으로 갈지도 모른다는 불안감이 망령처럼 떠돌아다녔을까? 미국에서는 이를 "기꺼이 감수하고라도"라고 생각했던 군 수뇌부도 일부 있었지만, 대체로 세계적 냉전을 유지하는 방식으로 온건하게 풀려는 국무부가 주도권을 잡았다.

38선 이북 지역에 대한 점령과 통제는 짧았지만, 그 몇 배의 시간으로도 회복하기 어려운 헤아릴 수 없는 상처들을 남겼다. 38선 이남에서 그랬듯이, 38선 이북 지역에서도 한국의 '수복'과 북한의 '해방'이 교차되는 상황은 전쟁의 일상을 살아가야 했던 주민들을 '반동'과 '부역자'로 낙인찍었다. 심지어 주민들 간에도 남북 정부와 두 진영의 후원하에 보복 양상의 잔인한 대량 폭력이 가해졌다. 많은 주민들이 학살당했고, 살아남은 자들의 사회적 관계와 삶은 철저히 파괴됐다. '신천 학살'을 배경으로 한 황석영의 소설 《손님》(2001)은 한편으론 기독교와 사회

〈사진 2〉

1950년 10월 19일 중국인민지원군이
압록강을 도강하고 있다.

주의가, 다른 한편으론 38선 돌파가 초래한 인간성에 대한 대량 파괴를 들여다보고 있다.

38선 돌파를 기념한다는 것은 전쟁 발발을 기념하는 기억의 정치와 맞닿아 있다. 전쟁은 끝나지 않았고, 38선 이북에 멸해야 할 적대적 적이 존재하며, 언젠가 북진 반공통일을 달성해야 한다는 메시지를 발하는 정치다.


## 새로운 기념을 기다리며

종전을 간절히 바라는 지금, 우리는 무엇을 해야 할까? 그 시작 중 하나가 국군의 날을 38선 돌파라는 시점과 연루시킨 기념의 정치로부터 해방시켜야 하지 않을까? '10·1', 더 나아가 '6·25'처럼 우리에게 너무나 익숙한 기념의 시간은 점점 사라져야 할 기표다. 그렇지 않으면 휴전선의 철조망을 걷어내더라도 38선은 여전히 분단(분리)과 적대·증오의 흔적으로 강력히 작동할지도 모르겠다. 그렇게 되면 탈분단 평화는 요원한 것이다. 새로운 국군 창설의 날과 종전일을 기다린다.

부부로 보이는 남자와 여자가 있다. 이들 너머에 거대한 배가 보인다. 방한복을 입은 남자는 간단한 옷 보따리를 들고 있다. 아이를 포대기로 업은 여자는 비단 한복 저고리 차림에 고급스러운 손가방을 들고 있다. 남자 왼쪽 뒤에서 힐끗 바라보는 사람의 시선도 꽤나 흥미롭다. 모두 촬영자를 응시하고 있다. 〈사진 1〉, 〈사진 2〉의 촬영자는 미 해군 사진병이다. 그는 12월 19일 흥남부두에서 소개되는 피란민들을 찍고 있었다.

이 사진들은 참 낯설다. 내가 알고 상상하던 '흥남 철수'의 모습과 거리가 있다. 가수 현인의 노래 〈굳세어라 금순아〉(1953), 김동리의 소설 〈흥남 철수〉(1955)에서, 영화 〈국제시장〉(2014)이 우리에게 보여주는 장면은 혹한의 날씨, 심하게 일렁이는 검은 바다, 하늘을 뒤덮은 폭격·포격과 비행기의 굉음, 필사적으로 배에 오르려는 사람들, 비명과 통곡이 뒤섞인 '이산'의 현장이었다.

전쟁 연구자인 내게도 흥남부두는 김동리의 말처럼 "역사상에서 일찍이 보지 못한 가장 장엄하고 처절한 자유전선의 교두보"라는 압도적 이미지가 강했다. 심지어 당시 피란에서 살아남아 "자유의 땅"으로 인도

받은 이들에겐 "아비규환으로 가득한 종말의 세계에 예수의 재림과도 같은 순간"을 선물 받은 "크리스마스의 기적"으로 회고되지 않는가.[6]

## 1950년 12월 19일의 '이미지'

1950년 12월 겨울, 흥남에서는 정말 어떤 일이 벌어졌을까? 미군과 한국군의 공식 전사는 하나같이 중공군 개입과 미군·한국군의 함흥 교두보로의 후퇴, 그리고 흥남 철수로 끝나는 이야기를 들려준다. 다만 미군 공식 전쟁사가들은 흥남 철수 과정에서 이루어진 피란민 소개를 군사작전의 차원에서 다각도로 평가한다. 정보, 작전, 군수, 민사의 영역에서 일자별로 세세히 서술하고, 종국에는 다양한 통계로 수치화한다.

이와 달리, 국군 전사는 이념전쟁의 승리, 즉 단순히 군부대의 철수작전에 그치는 것이 아니라 공산 정권의 지배를 벗어나서 자유를 찾아 북한지역을 탈출하려고 하는 민간인들을 철수시켰다는 점을 매우 강조한다.[7] 전쟁의 역사가 일순간 프로파간다로 넘나드는 경우가 왕왕 발생한다.

국군 수뇌부들이 "북한 겨레"에 대한 "동포애의 발로"로 이 숭고한 일을 자신이 했다고 자임한다는 것도 참 흥미롭다. 이런 일화에 국군 제1군단장 김백일 소장과 수도사단장 송요찬 준장, 제3사단장 최석 준장 등 주로 장군들이 등장한다(영관급 참모들도 몇몇 있지만 그다지 주목받지 못한다). 육군참모총장 정일권 소장의 회고에 이르면 과장된 자랑은 절정에 달한다. 정일권은 당시 흥남에 없었지만, 보고 받거나 전해들은 이야기만으로 피란민 소개와 관련한 이들의 역할과 공로를 보증해주는

〈사진 1〉
"1950년 12월 19일
한 한국인 가족이 유엔군을 소개하는 배를 타기 위해
흥남 해변에서 기다리고 있다."

〈사진 2〉
"흥남 해변에 있는 한국인 주민들이 LST 845로
소개되기를 기다리고 있다."

스피커가 된다. 심지어 스스로 너무 몰입한 나머지 배에 타지 못한 "북한 겨레" 피란민들에 대해 자신의 책임을 깊이 느끼고 참모총장을 사임하려 했다 밝힌다.[8]

나는 김백일과 송요찬의 북한 주민에 대한 동포애를 서술하는 정일권의 회고에 한참이나 생각이 머물렀다. 이들은 전쟁 전인 1948년 10월 이후 여수, 순천과 제주에서 상당수의 지역 주민을, 민간인을, 국민을 '빨갱이'로 몰아 학살했던 지휘관이다. 이런 자들이 흥남에 모여든 북한 주민 피란민들에게 "동포애로 뜨겁게 달아올랐다"는 거다. 전혀 이해가 가지 않는 건 아니다. 이들의 인식에 이 피란민들은 "국군이 북진 깃발을 휘날리던 때 열광적으로 환영에 나섰던 사람들"이고 "태극기 흔들며 좋아했던" "노인과 아이들, 아낙네들, 여학생들"이었기 때문에 북한 당국에 "반동으로 몰릴" 사람들이다.[9] 헌법에 뭐라 쓰여 있든, 남한에 있든 북한에 있든, '빨갱이'는 죽여야만 하고 '빨갱이'와 싸우고 자신들을 환영하면 그게 민족, 겨레, 동포인 거고, 자유를 누릴 수 있는 국민인 거다. 함흥—흥남으로 들어온 20만~40만 명의 사람들은 반공 '자유 피란민'인 거다.

자유 피란민들을 보호해야 하고 다 배에 태워야 하는데, 미 제10군단장 알몬드 소장과 그의 참모들이 이에 냉담하니 김백일과 송요찬은 얼마나 분통 터졌을까? 송요찬의 말은 강렬하다 못해 섬뜩하다. "우리가 (김백일 군단장과 나는) 이들을 버리고 가느니보다는 차라리 우리 총으로 쏴 죽이는 게 낫다고 주장했어요. 어차피 공산군의 손에 죽을 테니까요. 최후적으로 우리 국군은 육로로 퇴각할 테니 우리를 수송할 선박에 피란민을 태워달라고 간청하기도 했어요."[10]

이들의 말과 행적을 관련 공식 문서들과 비교해가며 추적할수록 여러 의문들이 꼬리를 문다. 이들은 언제까지 흥남에 남아서 피란민 소개를 위해 갖은 애를 썼을까? 항상 등장하는 일화가 12월 19일 흥남에 있던 국군 제1군단 사령부에서 열렸다는 피란민대책회의다. 정일권의 회고에 등장한다. 정일권이 장군들의 발언을 직접 옆에서 들은 것처럼 생생하게 서술된다. 내용을 압축하면 이런 거다.

김백일, 송요찬, 최석 장군이 하나같이 피란민들을 데려가는 것이 국군의 사명이라는 결의를 밝히자 이에 알몬드 장군은 크게 감동 먹고 "훌륭하고 아름다운 겨레 사랑"에 최대한 협조하라는 지시를 내렸다.[11] 30대에 육군 최고 지휘관의 자리에 올랐고 최장수 국무총리도 역임했던 정일권이었지만, 각색에는 영 소질이 없었나보다. 진짜 12월 19일에 대책회의가 열리기나 했을까? 분명한 건 송요찬의 수도사단은 12월 16일 흥남에서 철수하기 시작해 18일 오후 묵호항에 상륙했다. 김백일의 제1군단도 12월 17일 철수해 이후 삼척으로 갔다. 최석의 3사단은 그보다 일찍 성진에서 부산으로 철수했고, 흥남으로 들어왔던 일부 부대도 철수했던 차다. 그렇다면 국군 제1군단과 사단 지휘관 및 참모들은 자기 부대를 먼저 보내고 피란민 소개의 사명을 위해 흥남에 계속 잔류했다는 말인가? 12월 19일은 피란민들이 본격적으로 배에 타기 시작했던 날이다. 그때 피란민들은 김백일과 송요찬을 "눈보라가 휘날리는 바람찬 흥남부두에 목을 놓아" 찾아보고 싶지 않았을까? 두 장군의 자취를 찾을 수나 있었을까?

## 현봉학의 역할

피란민 옆에 장군들은 없었지만, 대신 현봉학이 있었다. 미 제10군단 통역관 및 민사부 담당 고문관이었던 그는 함흥이 고향이었고, 기독교인, 미국 유학파 의사(수련의)였다. 그는 자신만 바라보고 있는 고향의 기독교인과 "반공인사"들을 외면할 수 없었다 한다. 이들을 구원하기 위해선 알몬드 장군을 설득해야 했다. 그러나 장군의 입장은 완고했다. 군 전력을 최대한 보전하고 모든 병력과 군수품의 철수를 지휘하는 입장에서 보면, 피란민 소개는 이를 명백히 방해하는 요소로만 여겨졌다. 군 병력 및 군수품의 이동을 방해하고, 무엇보다 피란민 대열에는 "제오열 및 불순분자"가 침투해 있을 거라는 생각이 알몬드 장군뿐 아니라 참모들 사이에 팽배했다.

군은 언제나 민사를 군사작전에 종속시킨다. 이렇게 생각하는 미군 사령관과 참모들을 향해 현봉학이 "함흥과 흥남의 이십만 민간인이 어디로 피란을 갈 수 있겠냐고, 적들이 사방에서 쳐들어오고 있는 마당에 갈 곳이 어디에 있겠느냐고 하소연했던 것이 통했다"고 보는 것은 정말 순진한 믿음일 것이다. 그렇다고 그의 노력이 무의미했다고 단정지을 수도 없다. 12월 9일 알몬드 장군이 제10군단 민사부장과 함께 현봉학을 불렀고, 그 자리에서 기독교인과 유엔군에 협력했던 민간인 4,000~5,000명의 소개와 철수를 지시했으며, 이 일을 현봉학 등에게 맡겼기 때문이다.[12]

어찌됐든 알몬드 장군과 그의 참모들이 피란민을 소개하기로 한 결정에 작용했던 배경과 힘들, 작전 과정에 대해 이제 반공 신화에서 역사의

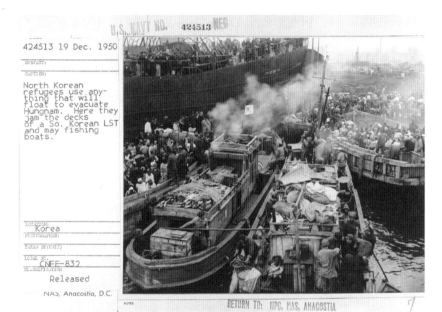

〈사진 3〉
"북한 피란민들을 흥남에서 소개하기 위해 물에 뜨는 것이라면 다 활용하고 있다."
부두에 LST와 고기잡이배들로 만원이다(1950. 12. 19).

영역으로 가져와 실증적으로 엄밀하게 확인해야 한다.

피란민들의 소개는 장진호에서 "뒤로 전진"한 미 제1해병사단이 철수했던 12월 12일에도 간헐적으로 이루어졌지만, 본격적인 건 12월 16일부터였다. 현봉학은 12월 21일에 제10군단 사령부가 철수하는 배에 함께 승선했다고 한다. 이렇게 보면, 22일부터 24일 아침까지 계속된, 이때야말로 필사적이었던 피란민들의 사투는 국군 수뇌부도, 현봉학도 보지 못한 셈이다. 그렇다면 "닫히는 (수송선) 쇠문에 필사적으로 매달렸다. 쇠문에 끼이는 사람, 쇠문에서 떨어져 나가는 사람, 비명과 통곡이 뒤섞인 처참한" 현장을 정일권 장군에게 생생하게 전해준 것은 누구였을까?[13]

LST 온양호 항해사 황호채의 증언에 비슷한 대목이 있긴 했다. 2,700톤 선박에 1만 7,000명을 태웠다는 말을 신뢰하기는 어렵지만 말이다.[14] 그 유명한 매러디스 빅토리호의 선장 라루L. P. LaRue의 기억에도 그 비슷한 장면이 있을까? 그러나 그는 22일 저녁부터 시작해 23일 아침까지 8,000톤 선박에 1만 4,000명을 모두 태운 것이야말로, 침몰되지도 않았고 선상 반란도 없었음을, 무엇보다 배에서 이루어진 출산(김치1-5의 탄생)을 기적이라고 말할 뿐이다. 고난과 기적에 대한 종교적 뉘앙스의 충만한 감사의 어투는 곳곳에 보이지만, 당시의 일에 대해서는 담백하게 회상하고 있다.[15]

## 흥남 철수를 탈분단 평화 이야기로

한반도 탈분단 평화의 역사를 새로 쓰고 있는 지금, 우리에게 흥남 철수란 어떤 의미로 전환되어야 할까? 과거처럼 흥남부두의 현장과 철수, 소개사건에서 벌어진 이산 고통의 비극성을 쥐어짜며 이념전쟁으로 채색된 반공·냉전의 신화이자 기억으로만 존재해야 할까? 언제까지 냉전의 공룡 화석 같은 김백일 동상을 둘러싸고 갈등과 반목으로 치닫는 것을 반복해야 할까?

이제는 흥남 철수를 둘러싼 기억의 전쟁 이면에 억눌려왔던 또 다른 목소리들과 진실에 주목할 때가 왔다. 김백일, 송요찬, 알몬드, 맥아더 같은 영웅들의 이야기는 반공·냉전의 각색 안에서 너무 과장되고 자기 자랑 일색이지 않았나. 전쟁과 이산의 고통과 비극을 휴머니즘으로 채색하는 것도, 자유진영/체제의 우월성을 입증하는 냉전적 대결과 반공주의라는 액자 안에서나 허용될 뿐이었다.

그렇다면, 냉전과 반공의 액자 대신 반전과 평화라는 액자 속에 어울리는 그림의 요소들은 무엇일까? 나는 '자유' 재현을 걷어낸 피란민들의 이질적인 목소리들, 그 목소리들이 웅변하는 이야기라고 생각한다. 이를 위해 빨간 색안경을 벗어버리고 1950년 12월 생존을 위해 피란을 감행했던 월남 피란민들의 처했던 상황들에 오롯이 집중해야 한다. 왜 이들은 혹한기에 가족 동반으로, 다시 말해 노인과 아이는 물론 때론 만삭의 임산부를 동반하고 절박하게, 긴급하게 피란해야 했을까? '생존'을 위한 피란이 지시하는, 그러나 오랫동안 감춰져왔던 다른 지층들은 어떤 사연들을 간직하고 있을까? 또한 월남 피란민들의 피란(지)의 삶을 '자유를 위한 고난'이라는 서사로부터 해방시키면 어떤 삶의 모습들이 펼쳐질까?

## ∷ 한국인은 모르고 일본인은 아는 백선엽의 진실

백선엽(1920~2020). 그는 한국전쟁의 '최고 영웅'이자 살아 있는 우상이다. 한국전쟁 때 한국군 최초의 4성 장군의 명예를 얻었던 그는 이명박 정부 때 한국전쟁 60주년 기념사업을 계기로 명예원수(5성 장군) 추대 움직임에 힘입어 전인미답의 고지에 오를 뻔했다. 일부 군 원로와 재향 군인 단체가 추대했고, 국방부가 관련 법령들의 개정까지 고려하며 검토했다. 그러나 언론과 시민단체, 학계의 반대가 컸고 결정적으로 "베트남전쟁의 영웅" 채명신 장군과 일부 한국전쟁 참전 군 원로들이 반대해 명예원수 추대는 무산됐다. 그의 만주군·간도특설대 경력과 항일 무장독립운동세력(동북항일연군)을 토벌했던 사실 때문이다.[16]

그는 일본에서 출판된 자신의 책들에서 항일연군을 '게릴라'로 칭하면서 "우리가 전력을 다해 토벌했기 때문에 한국의 독립이 늦어졌던 것도 아닐 것이고, 우리가 배반하고 게릴라가 되어 싸웠더라도 독립이 빨라졌다고 할 수 없었을 것"이라고 말한 바 있다.[17] 자신의 과오에 대해 변명했을 뿐 사죄하지 않았다

명예원수 추대 무산이야 백선엽에게 대수롭지 않을 수도 있겠다. 그의 기억, 말과 글이 이미 그 자체로 한국전쟁의 역사가 되고 있기 때문

이다. 2011년 6월 24일부터 방영된 6·25 특집 다큐 2부작 〈전쟁과 군인〉은 이를 단적으로 보여주었다. 방송 제작과 방영 전부터 KBS 노조와 시민사회의 반대가 심했다. 제작진은 백선엽을 영웅화하지 않고 사실 그대로 다루겠다 했다. 그러나 "백 씨의, 백 씨에 의한, 백 씨를 위한 방송"이었고, 영웅 미화 방송이었다.[18]

## 간도특설대 경력 빼버린 특집 방송

백선엽이 깜깜한 스튜디오로 걸어 들어오고 큰 스크린을 보며 당시 미군이 찍은 영상을 보면서 "기억나요" 하면서 시작하는 전쟁에 대한 그의 말은 "이게 바로 '6·25전쟁'의 이야기이고 역사야"라고 하는 것 같았다. 그러나 방송은 자신이 직간접으로 관여한 일부 신화화된 전투들(다부동 전투, 평양 점령, 운산 전투, 대관령 전투, 임진 전투 등)을 중심으로 배치됐다. 한국군 역사에서 가장 치욕적인 패배의 대명사인 현리 전투를 말하기도 했다. 그러나 그건 그 자신의 실패가 아니었다. 그는 과오를 말하는 대목에서 스스로 한국군을 대표한 시각에서 말하거나 자신이 지휘했던 예하 부대 또는 일부 장병의 실패로 이야기한다.

방송에서는 그의 친일 행적에 대해 봉천 군관학교에 입학해 일본군 장교가 됐고 《친일인명사전》에 등재됐다는 몇 초 정도의 멘트가 전부였다. 간도특설대 경력은 아예 언급되지도 않았다. 그는 한국전쟁과 관련해 모르는 게 없었고, 모든 것을 기억하는 것처럼 말했다. 그러나 그의 시각에서, 유엔군의 시각에서 그려내는 몇몇 전투 영웅담이 주를 이루었고, '호국'을 위해 "부수적으로 희생"된 일부의 학생과 양민은 양념처럼 언급됐다. 군인보다 민간인의 피해가 훨씬 큰 한국전쟁의 참혹한 현실은 철저히 사각화했다. 진실화해를 위한 과거사정리위원회 보고서들이 바로 그 전투 영웅담 이면의 참혹한 현실, 민간인의 대량 피해들을 대면하고 응답했지만, 정작 핵심 관계자인 백선엽은 이를 외면했다.

백선엽의 영향력이 한국전쟁의 공식 전사·군사 서술에 미치지 않았나 하는 우려도 있다. 그동안 대표 공식 전사는 1960~70년대 간행된 《6·25전쟁사》 시리즈였다. 국방부 군사편찬연구소(군편)는 이것을 2003년부터 11권으로 증보 개정하는 편찬 사업을 했다. 2004년 1권 발간을 시작으로 2013년 11권이 발간 완료됐다. 군편은 새로 조사된 미국·소련·중국 등의 자료와 이를 바탕으로 한 국내외 연구 성과를 반영하면서 그간 집적한 연구 역량을 발휘했을 것이다.

그런데 군편 자문위원장이자 새로운 《6·25전쟁사》 편찬 자문위원장인 백선엽을 둘러싸고 여러 의혹이 제기됐다. "백선엽이 전쟁 초기의 전사를 임의로 개작해 일본군, 만주군 출신에 유리하도록 서술케 했다"든지 "채병덕 육군총참모장의 이적 행위를 감추기 위해 《채병덕 장군 평전》을 출간케 하여 이적 행위 하나하나를 변명으로 감싸 안았다"는 의혹이 제기됐다.[19] 심지어 이를 폭로한 박경석 장군은 《6·25전쟁사》 1, 2권 자문 명단에 자기 이름이 올랐지만, 실제 자문한 바 없다고 해 파문이 일었다.

이게 사실이라면, 새로운 공식 전사 서술의 신뢰에도 악영향을 끼칠 수 있다. 그렇지 않아도 한국전쟁사가 전투를 중심으로 한 군사적 시각이 강하게 투영되다 보니 집필 주제와 시기 구분, 연구진의 구성도 편향적이라는 평가가 있었다. 거기에 백선엽 '자문'의 영향에 대한 의혹이 불거지니 그의 기억과 말이 곧 공식 전사이고 그래서 그가 영웅화·신화화한 것이라는 세간의 소문이 심각하게 다가온다.

## 군의 위기감에서 나온 전쟁기념관 건립

그렇지 않아도 백선엽이 곧 전쟁기념관이라는 평가가 있던 터였다. '6월 25일'에서 비롯된 위기를 공간적으로 재현한 전쟁기념관의 외부 전시물과 6·25전쟁실 1·2·3은 전쟁이 아직 끝나지 않았음을 끝없이 상기시키며, '호국'을 위해 국민에게 '육탄'이 될 것을 웅변한다. 전쟁이 난 것을 기념하는 공간 전시의 끝은 호국정신과 힘에 의한 평화일 수밖에 없다. 그것을 걸어 다니면서 끊임없이 말하는 '전쟁 영웅'이 바로 백선엽이다.[19]

백선엽은 전쟁기념관 건립에 핵심적인 역할을 했다. 그는 일본에서 출간한 회고록에서 "해방 후 38선 분쟁, 공비 토벌, 한국전쟁, 베트남 파병의 수많은 전투 속에서 순국한 많은 사람들을 모실 수 있는 시설이 서울에 없다는 것을 두고 우리들이 태만한 결과"라고 썼다. 그러다 육군본부의 계룡산 이전이 기회가 되어 "오랫동안 같은 생각을 해왔던 대통령 노태우 장군의 제안"으로 육군본부 자리(용산)에 기념관 건설을 추진할 수 있게 된 것을 높이 평가하고, 그 자신도 민간 쪽 회장으로 이 사업에 참여하게 된 것을 염원이 이루어진 것으로 소회한다. 더 나아가 그는 "이 사업에 국민 한 사람 한 사람의 마음이 결집"됐고, 건립을 위해

전 국민적인 운동이 있었다고 자평하면서, 비록 건군 이래 군을 둘러싸고, 또는 군에 의해 여러 불상사가 있었지만, 이 운동의 확산이야말로 국민이 군을 신뢰하고 있다는 증거 아니겠냐고 평가한다.[20]

그러나 현실은 그의 자평과 달랐다. 기념관 건립 사업은 국방부에서 주관하되 정부는 지원하고 '참전 용사'의 자발적 활동을 표면적으로 내세워 전 사회적으로 추진하려 했지만, 실제 그렇게 되지는 않았다. 노태우 정부와 군에 의해 일방적으로 추진됐다. 전쟁기념사업추진위원회(이후 전쟁기념사업회)는 사실상 국방부와 군에 의해 관리됐다. 건립예산 1,246억 원도 국방예산에서 충당됐다. 애초 계획은 건립에 필요한 예산의 많은 부분을 자발적인 성금으로 충당하려 했지만, 참여가 너무 저조해 20억 원 정도 모금됐다. 전쟁기념관의 주체가 사실상 국방부와 군이고, "이러한 주체의 존재 기반인 적과 나를 구분하는 적대성과 배타성, 보안을 위해 비밀을 유지해야 하는 조직, 정보의 비개방성과 폐쇄성, 상명하달, 지배와 복종의 위계성과 일방성이 기념관의 형식과 내용"[21]이라 해도 과언이 아닌데, 이를 두고 "국민이 군을 신뢰하고 있다는 증거"라고 과연 말할 수 있을까?

## '6·25전쟁'의 뒷면이 알려지던 때

1964년부터 전쟁기념관 건립 논의는 시작됐지만, 1988년에 "대통령 노태우 장군의 제안"과 국방부 및 군의 합심으로 건립을 강력히 추진하게 된 배경에는 군의 위기감이 자리하고 있었다. 이것은 백선엽의 위기감이기도 했다. '한국동란 기념사업계획'(1988. 7)의 건립 목적과 주요 내용을 보면 쉽게 확인된다. 87년 민주화운동이 한반도의 통일과 평화에 대한 요구로 확산되어가자 노태우 정부가 이를 안보의 위기로 판단한 것이다. 구체적으로 옮기자면, "지금의 상황이 6·25전쟁의 기억이 흐릿해져가는 동시에 좌경운동세력 등의 북침설이 일반화되고 있다고 판단되어 이를 차단하고 전후 세대에게 6·25전쟁이 북한의 남한 침략임을 정확히 알리고 이 전쟁에 민족사적 의미를 부여함으로써 반공 안보의식과 바른 역사관을 전 국민에게 내면화하고 안보 공감대를 확산시키며 참전용사의 무공과 애국심을 고취시켜 민족통일을 이루겠다"[22]는 것이다.

이는 백선엽이 1988년 6월 24일 자《경향신문》지면을 빌려 회고록 '군과 나'를 연재했던 배경이기도 하다.《경향신문》의 기획 의도는 "6·25 38주년을 맞아 통일 문제와 한미관계가 국가적인 이슈로 부각되고 있는 이 시점에서 창군, 한국전쟁, 전후 재건기, 한미 군사외교 주역의 한 사람이자 산증인인 백선엽 장군의 회고"를 받아 "공과 과를 기억이 허락하는 한 솔직하게 기록"하는 것이었다.

연재 배경과 관련해 몇 마디 추가한다면, 그즈음 87년 민주화 이후 브루스 커밍스Bruce Cummings 등 한국전쟁에 대한 수정주의 연구 결과들과 한국 학자들에 의한 새로운 한국전쟁사 연구 성과들이 대중적인 출판으로 이어졌던 해라는 점이 중요하다. 이태의《남부군》같은 '빨치산 전쟁 수기'도 출간되면서 그전까지 알려져 있지 않았던 또 다른 전쟁의 양상들이 큰 주목을 받기 시작했다. 분단과 한국전쟁을 배경으로 하는 분단문학, 전쟁문학의 출간도 활발했다. 무엇보다 오랫동안 '폭동'의

〈사진 1〉
백선엽 회고록 '군과 나' 1회 연재와
'회고록을 시작하며',《경향신문》1988. 6. 24. 3면.

섬으로 규정되어왔던 제주도에서 '제주4·3' 40주년을 맞아 제주4·3사 건 진실규명운동이 물위로 올라왔던 해다. 《제주신문》에서 장기 기획 '4·3의 증언'(1989년 4월 3일 연재 시작)을 준비하기 위해 4·3 취재반을 구성한 것이 1988년 3월이었다.

백선엽 회고록은 매주 1회 연재됐고, 1989년 4월 27일 41회 연재로 끝났다. 5월 11일 42회 '장기연재를 마치며 좌담'을 포함시킬 수도 있겠 다. 그러나 그것은 끝이 아니고, 백선엽 판 '6·25전쟁' 대서사의 시작이 었다. 87년 민주화운동에 대한 반격이 이 정도에서 멈출 리 없었다. 그 전까지는 육군참모총장을 역임한 창군 원로 중 한 명에 불과했던 백선 엽이 이때부터 이 반격의 상징으로 부상했다. 1989년 6월 '6·25전쟁' 39주년을 맞아 백선엽 회고록 《군과 나》가 대륙연구소에서 출판됐다. 그해 12월 "대한민국의 평화와 자유를 지켜온 예비역 장성들의 모임" 성우회星友會가 만들어졌고, 초대 회장에 백선엽이 선임됐다.


## 만주군 경력을 추가한 일본판《군과 나》

《군과 나》는 미국과 일본으로 곧바로 번역 출간됐다. 미국에서는 1992 년 《부산에서 판문점까지: 한국의 최초 4성 장군의 전쟁 기억》이라는 제목으로 출간됐다. 한국어 책을 그대로 영어로 번역했고, 백선엽의 전 우인 유엔군 사령관 리지웨이Matthew B. Ridgway 장군과 전 미8군 사령 관 밴 플리트James A. Van Fleet 장군이 서문을 썼다. 그의 책은 일본에서 도 2000년 5월《젊은 장군의 조선전쟁》이라는 제목으로 번역 출판됐다.

〈사진 2〉

《군과 나》한국판(1989), 영어판(1992), 일어판(2000) 표지.

한국판과 달리 평양 출생부터 일제의 식민지배 시기에 어떻게 성장했고, 왜 군문에 들어서게 됐는지 상세하게 썼다. 특히 봉천 군관학교, 만주군과 간도특설대 경력을 긴 분량을 할애해 자랑스럽게 쓰고 있다. 한국판에 없는 내용들이다.

백선엽에게 일본 독자층을 대상으로 회고록을 쓴다는 게 어떤 의미를 갖는 것일까? 흥미로운 것은 《경향신문》에 한창 연재 중이던 1988년 8월 이미 《한국전쟁 천 일, 백선엽 회고록》이 일본에서 출간됐다는 것이다. 1993년 3월에도 《대게릴라전, 미국은 왜 졌는가》가 일본에서 나왔다. 두 책에는 백선엽의 만주군과 간도특설대 경력 내용이 있지만, 한국판에는 포함되지 않았다. 한국 독자보다 일본 독자가 자신의 삶과 전쟁 경험을 더 잘 이해해줄 것이라고 기대했던 것일까?

당시 정일권 회고록 말고는 핵심 군 장성 회고록이 많지 않았던 한국적 상황에서 백선엽의 회고록은 큰 주목을 받았다. 《군과 나》는 군사 연구에서 반드시 참고하는 중요 문헌이 됐다. 그런데 이 회고록은 유사품이 여럿 있다. 2010년부터는 한 유사품이 오리지널 전작을 뛰어넘는 수준이었다. 2010년 1월 4일부터 《중앙일보》에서 〈남기고 싶은 이야기─내가 겪은 6·25와 대한민국〉이라는 제목으로 277회 연재한 글을 묶은 책, 《내가 물러서면 나를 쏴라: 1,128일의 기억》이다. 이명박 정부에서 명예원수 추대 움직임이 본격적으로 시작될 때였다. 《군과 나》에서 평양 일착 입성을 말하며 짧게라도 언급했던 만주군과 간도특설대 이력의 소회를 밝혔던 대목은 많은 비판을 의식해서인지 아예 사라졌다. 그리고 미·중 G2 시대로 접어드는 국제정세의 변화를 반영해서인지, 새로운 회고록은 《군과 나》를 저본으로 하되, "중공군과의 조우"에서 이야기를 시작한다. 1950년 10월에 참전한 중국을 "전쟁의 판도를 바꾼 존재"로 부각하고 있다.

2019년 6월 현충일 추념식 때 문재인 대통령은 대한민국 국군 창설의 뿌리와 한미동맹의 토대가 약산 김원봉의 조선의용대가 편입되면서 완성된 광복군임을 선언했다. 이는 2016년 12월 전쟁기념관의 전쟁역사실 2관 재개관 때 새롭게 구성되며 선을 보인 국군 족보(계보)다. 그걸 두고 자유한국당은 광복군은 보지 않고 그걸 가리키는 김원봉만을 보고 문제 삼으면서 그를 '6·25 남침'의 김일성 주구로 취급했다. 2019년 6월 10일 황교안 대표는 백선엽을 예방했다. 그 자리에서 백선엽은 2013년부터 《프리미엄 조선》에서 연재한 것을 묶어 출판한 《6·25전쟁 징비록》을 선물했다. 백선엽을 대한민국 국군의 뿌리로 삼고 그의 기억, 말과 글을 역사로 삼겠다는 이벤트로 비쳤다면 과도한 생각일까?

이에 대해 비판적인 여당과 역사학계, 시민단체들이 만주군과 간도특설대에 복무하며 항일 독립운동을 토벌했던 백선엽의 과오를 부각시키면서 친일파 프레임을 걸었다. 이런 구도에서 반론은 예상된 것이었다. 그중 가장 강력한 것이 한국전쟁에서의 공로가 그 과오를 덮고도 남는다는 식의 주장이다. 백선엽이 불굴의 의지와 위대한 승리로 공산화의 위기로부터 대한민국을 구했다는 것이다. 이걸 미국도 인정하고 그를 깊이 존경한다는 것이다.

# 한국전쟁에서의 공로가 과오를 덮는다?

백선엽이 기억하고 말하는 한국전쟁의 역사가 진지하게 종합적으로 검토된 적이 없다. 그가 관여했고 승리해 자랑스러워 하는 전투의 이면에서 사각화된 이야기들을 길어 올리면서 전쟁의 진짜 참상이 무엇인지를 재조명할 필요가 있다. 기록에 입각해 객관적으로 말하는 듯 보이는 그의 방법과 미국 및 일본에 대한 인식과 태도에 대해서도 다각적으로 평가되어야 한다고 본다. 그가 '말한 것'과 '말하지 않은 것'을 봐야 한다. 그러려면 대표적으로 낙동강 방어 때 대구 정면에서 적을 막아낸 다부동 전투, 인천상륙작전 후 일착으로 평양에 입성한 것, 그의 이름을 딴 백야전 전투사령부의 '공비' 토벌을 중심으로 영웅 신화화된 그의 공로의 '사각'을 재조명할 필요가 있다.

　백선엽은 "평화를 원하거든 전쟁을 기억하라"라는 용산 전쟁기념관에 새겨져 있는 문구를 곧잘 인용한다. 문제는 그 전쟁에서 무엇을 기억할 것인가이다.

"의문의 여지없이 그는 한국군 최고의 작전사령관이었다." 백선엽 "그
는 작전교리, 애국심, 개인 명예, 도덕적 용기, 부하에 대한 지속적 관심
을 견지했다." 한국전쟁 때 유엔군 사령관 매슈 리지웨이 장군과 미8군
사령관 제임스 밴 플리트 장군이 영문판 백선엽 회고록 서문에 쓴 평가
다. '주례사 서문'일 수도 있다. 그러나 미군으로부터 이만큼 찬사를 받
은 한국군 인사가 있을까? 백선엽은 미군에게도 신화화된 영웅이고, 그
의 회고록은 미 육군의 교재로 사용된다. 지금까지도 주한미군 사령관
이 한국에 취임하면 백선엽을 찾아가 '전입 신고'를 하는 게 관례라고 할
정도로 그는 한미 군사동맹의 상징이다. 어떻게 그렇게 됐을까?

## 백선엽 영웅 서사의 시작, 다부동 전투

여러 이유와 계기가 있을 것이다. 백선엽 스스로 자신의 "군 생활 전 기
간을 통해 뗄 수 없는 부분이 미군"[23]이라고 회고할 정도로 모든 미군
에 대해 우호적이고 긍정적인 입장을 가졌다. 일각에선 그가 미군에 대

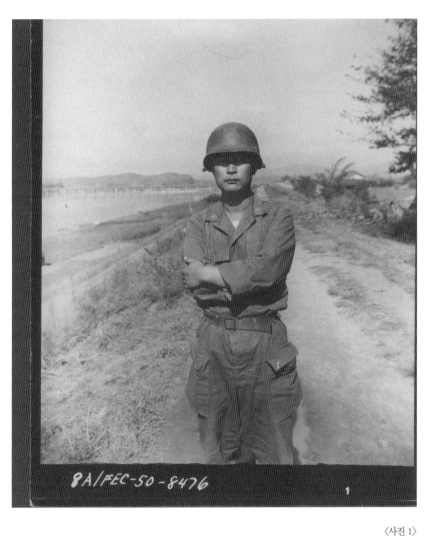

〈사진 1〉
다부동에서 팔공산 지역으로 이동해
미 제1군단의 지휘를 받아 반격작전을 준비 중인
백선엽 준장(1950. 9. 18).

영웅과 신화의 사각을 보다            

해 고분고분한 태도로 돈독한 관계를 유지했고 미 고문관들을 잘 모시고 다녔다는 비판이 제기되지만, 또 다른 일각에선 미군에 대해 겸손하고 항상 배우는 자세—백선엽은 스스로 "지도 구걸"이란 표현도 썼다—로 일관한 것이 뭐가 문제냐고 반문한다. 분명 백선엽은 한국전쟁 때 한·미 연합작전에서 신뢰를 쌓았고 그들의 기대에 부응했으며, 성공적인 결과를 냈다고 평가받는다. 자신들의 많은 전쟁영웅들 가운데 함께 싸우고 승리를 거둔 백선엽을 손에 꼽는다고 힘주어 말하는 미군들도 있다. 그리고 하나같이 낙동강 방어작전 시기의 다부동 전투 이야기에서부터 백선엽의 영웅적 이야기를 시작한다.

일반인은 낙동강 방어선은 알아도 다부동 전투는 생소할지도 모르겠다. 한국군 공식 전사는 실패의 연속이었던 한국전쟁 초기 국면에서 성공한 낙동강 방어전 사례로 다부동 전투를 내세운다. 국방부 전사편찬위원회가 1981년에 별도로 다부동 전투를 공간사로 발간했을 정도다. 다부동 전투는 한·미 연합작전의 효시로 평가되고 있다. 이 전투 기간에 대규모 최대 폭격작전인 '왜관 융단폭격'이 이루어졌으며, 다부동 계곡(천평동)에서 '6·25전쟁'의 첫 전차전이 전개됐다. '최초', '최대' 수식어가 화려하게 따라붙는 전투였다.

한국전쟁 '밀덕'(밀리터리 오타쿠)들의 일부 평가도 비슷하다. 한국군 제3군단을 "말아먹은" 유재흥 장군의 1951년 5월 현리 전투와 대조하면서 백선엽의 다부동 전투를 높이 평가한다. 현리 전투의 최악의 패배의 그림자가 짙어서일까? 공식 전사도, '밀덕'도 낙동강 방어작전기 말미에 성공했던 영천 탈환 전투에서 유재흥 장군의 역할을 평가할 때는 굉장히 짜다. 미군이 잘 지원했고, 한국군이 잘 방어하고 반격했다는

<사진 2>

백선엽이 미군 지휘관 및 참모들과 작전을 상의하는
전형적인 모습을 포착한 사진이다. 이 사진은 1953년 4월 15일
테일러 미 8군 사령관과 백선엽이 지도를 보는 장면을 촬영한 것이다.

정도로 서술한다. 뿐만 아니라 이 시기 중동부 지역과 동부 지역을 방어한 한국군 부대와 지휘관들의 작전 성공이 없지 않다. 그럼에도 중서부 지역의 제1사단 백선엽의 역할과 다부동 전투의 성공이 주로 조명되고 높이 평가되는 경향이 강하다. 적 3개 주력 사단과 맞붙어 싸운 3대 1의 신화. 그 이야기를 들여다보자.

## 3대 1 신화가 지운 희생들

다부동은 대구에서 20킬로미터 정도 북쪽에 위치해 있다. 다부동 바로 위로 수암산과 유학산, 가산으로 이어지는 천혜의 방어선이 형성돼 있다. 백선엽은 이 저지선이 뚫린다면 부산을 내주고 바다로 내몰리면서 조국의 운명도 여기에 걸려 있다고 인식했다.[24] 그러나 다부동만 절대 중요했겠는가? 낙동강 방어선은 왜관을 축으로 동서 95킬로미터, 남북 140킬로미터에 달하는 '얇은 방어선'이었고, 뚫리면 바로 부산이 위태로워지는 요충지들이 대구 말고도 여럿 있었다는 점은 분명히 해야겠다. 북한군은 이 지점들을 한 달 반 가까이 줄기차게 두들겼고, 한국군과 미군은 "지키지 못하면 죽음 뿐Stand or Die"이라는 워커 장군의 명령대로 방어선을 끝까지 지켜냈다.

8월 13일부터 8월 말까지 제1사단 13연대(이후 15연대 개칭)가 치른 수암산과 왜관 사이 328고지 전투, 12연대가 반격전 양상으로 방어에 나선 유학산과 수암산 전투는 시체가 쌓여 산이 되고 피가 흘러 하천이 되는 혈전 진퇴의 연속이었다. 11연대가 맡은 다부동 전면 계곡의 직선로는 적 전차의 공격에 대단히 취약했다. 이 방어선은 존 마이켈리스John H. Michaelis 대령이 지휘하는 미 제25사단 27연대의 지원을 받았다. 그 뒤를 미 제2사단 23연대가 받쳤다. 미 27연대는 적의 전차연대와 보병 사단을 상대할 수 있는 전차중대와 중포병 전력을 갖춘 최정예부대였다. 다부동 접근로의 좁은 골짜기 직선로에서 볼링 앨리Bowling Alley라고 불리는 전차전이 벌어졌다. 볼링공으로 볼링핀이 쓰러지는 것처럼 철갑탄과 포탄들이 양쪽에서 작렬하는 모습을 표현한 것이다.

8월 21일까지 숨가쁜 일진일퇴의 공방이 계속됐고, 양쪽의 병력은 말 그대로 시산혈해를 이루었다. 백선엽은 회고록에서 21일 마지막 위기를 언급하면서 전쟁영화의 한 장면 같은 에피소드를 상세히 들려준다. 마이켈리스의 27연대 왼쪽을 엄호하던 한국군 11연대 1대대가 후퇴하면서 미군 퇴로가 차단될 가능성이 높아졌고, 이에 미군으로부터 힐책을 받고 미 27연대의 후퇴를 통보받은 백선엽이 전방으로 나가 권총을 들고 후퇴하는 한국군 11연대 병사들을 설득해 돌격, 고지를 재탈환했다는 이야기다. 백선엽은 마이켈리스 대령이 자신에게 "미안하다는 말과 사단장이 직접 돌격에 나서는 걸 보니 한국군은 신병神兵이라고 감탄했다"는 말을 강조한다.[25]

미 27연대가 백선엽의 1사단에 배속되거나 작전 통제하에 있는 것이 아니라 최초로 미군이 한국군 방어 지역에서 연합작전으로 이룬 것이기에, 무엇보다 방어에 성공했고 미군의 신뢰도 얻었기에 백선엽의 자부심은 컸을 것이다. 위기 때 사단장의 솔선수범한 권총 돌격은 작전의 측면에선 무모한 것이지만, 미군이 참 좋아할 만한 영웅 이야기 소재다. 게다가 현리 전투에서 도주한 제3군단장 유재흥의 이야기와 대조적이

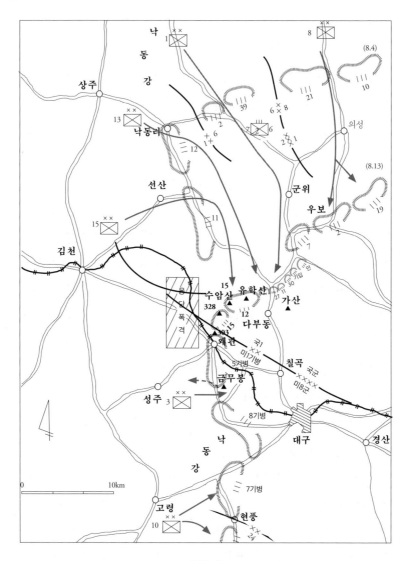

〈지도 1〉

왜관–다부동–대구 북방 전투 상황도.

지 않은가? 그래서 백선엽 자신도, 군사가軍史家들도 이 에피소드를 유독 '만능 양념장'처럼 활용한다.

한·미 양군의 다부동 전투 관련 공식 전사, 한·미 지휘관급 회고록과 노병들의 증언 조각들을 들여다보고, 시기별 여러 작전 상황도를 보면서 다부동 '전투들'을 그려나가다 보면 마치 영화 한 편을 보는 것처럼 흥미진진하다. 그러나 전투 중심의 장면들 사이사이에서 '사각'으로 처리된 장면의 조각보들도 흐릿하지만 눈에 들어온다. 백선엽과 공식 전사의 시선에서 외면됐지만, 내가 응시한 것은 8월 16일 다부동 방어의 하나로 이루어진 "성공적인 왜관 폭격"의 이면과 전투에 동원된 노무자 및 인근 마을 주민과 피란민, 즉 민간인 '희생'의 이면이다.


## '융단폭격' 당한 흰옷 입은 피란민들

〈사진 3〉은 8월 16일 B29 98대가 26분간 960톤의 폭탄을 쏟아부은 모습을 찍은 것이다. "8·15 부산 해방"은 물 건너간 상태에서 대구 점령이라는 김일성의 독전으로 북한군은 15일 전후로 총공세를 펼쳤다. 그 전부터 미 8군은 왜관 부근에 적의 증강 동향을 예의주시하고 있었다. 관련 보고를 받은 맥아더 장군은 '융단폭격'을 지시했다. 전황이 급박하더라도 지상군 근접지원작전으로 B29 중폭격기들을 동원하는 효과에 대해 미 공군 수뇌부는 다소 회의적이었지만, 가로 5.6킬로미터·세로 12킬로미터 직사각형 구역에 3,084발을 쏟아내는 고공 '맹목폭격'이 강행됐다. 백선엽의 표현을 빌리면, "그 지역은 말 그대로 쑥대밭이 됐다.

〈사진 3〉
육군의 요청에 따라 8월 16일 실시된
왜관 지역에 대한 B29기 대량 폭격의 현장을 보여준다(1950. 8. 16).

미군 폭격 뒤 10년 동안 풀이 제대로 자라지 않을" 정도였다.[27]

그런데 폭격이 이루어진 장소는 시무실과 사창 마을(현 구미시 형곡동)로 각각 70가구, 60가구의 민가들로 구성된 촌락 마을이었다. 인근에 피란민도 많았다. 마을 주민 131명과 그 이상의 피란민들이 불바다에 휩싸인 채 사라졌다.[28] 이게 도시와 농촌, 주요 역과 조차장, 작전 지역에 대한 융단폭격 신화의 실체다. 꼭 융단폭격이 아니더라도 미 공군의 근접지원작전에는 오폭 사례가 매우 많았다. 오폭은 흰옷을 입은 수많은 민간인들을 적으로 간주해 쓰러뜨렸으며, 심지어 아군도 비켜나가지 않았다.

문제는 이 피해와 희생이 우연하거나 예외적인 것이 아니었다는 점이다. 미군은 계속된 연전연패의 원인으로 흰옷을 입고 변장한 적(게릴라)을 들었고, 이들이 피란민 무리에 숨었다고 확신했다. 7월 25일 미 8군 사령관 워커 장군은 "어떤 피란민도 전선을 통과시키지 말라"는 지시를 하달했고, 이 지시가 전선의 지휘관들에 확대 해석돼 피란민에게 '치명적 무력'의 사용으로 이어졌다. 이것이 미 제1기병사단 7기병연대가 저지른 '노근리사건'의 배경이며, 낙동강 방어작전 시기 미 지상군이 전선 인근의 마을 주민과 피란민들에게 저지른 초토화작전과 학살의 배경이다.

'노근리사건' 보도로 퓰리처상을 수상한 AP기자들은 "미군이 지나간 곳은 민간인들의 주검과 초토화된 마을만 남아 있었다. 미군 폭격기들의 로켓과 네이팜탄으로 수많은 마을이 불탔다"는 사실을 미군의 공식 기록들을 발굴해 입증했다.[29] 노무현 정부 때 특별법에 근거해 조사가 진행된 진실화해를 위한 과거사정리위원회(이하 진화위) 보고서들도 이와 관련한 여러 사례들의 진실을 규명했다.

## 애국·용사·영웅으로만 기억하는 역사

그럼에도 불구하고 1989년 백선엽 회고는 물론 2010년 회고에도, 2013년에 공간된 《6·25전쟁사》에도 이런 내용은 찾아볼 수 없다. 진화위 조사팀장을 지낸 한성훈에 따르면, 국방부와 군은 이런 내용을 부정하거나 수정하는 지침을 세우고 적극 대응했다. "전시 긴박한 군사작전 과정의 불가피한 상황에서 우발적으로 발생"한 것으로 대응하도록 세부 실무지침을 세웠다. 국방부와 군은 진화위 보고서들에 대해서도 "현재에도 남과 북이 대치 중인 상태에서 친북 적대세력의 선동에 부합할 수 있는 편향된 보고서"이고 "오도된 시각을 갖게 해줄 수 있다"는 주장을 폈다.[30] 안 그래도 전쟁사나 회고는 일반적으로 군 전투사 중심의 기록과 서술이라는 한계가 있었는데, 한국에서는 '과거사 정리'에 대해 국방부와 군이 과거 반공주의적 전쟁사 서술을 정당화하는 반격을 시도한 것이다.

마지막으로 다부동 전투에 동원된 노무자들의 희생 기록을 보자. 1989년 백선엽 회고록에는 "인근 주민들은 지게를 메고 나와 전방 고지의 포화를 무릅쓰고 탄약, 식량, 물과 보급품을 져 올렸다"는 한 문장이 할애됐다. 2010년 회고록에서 이 서술은 여전히 짧지만 한 단락으로 늘어났다. "조국과 민족, 가족과 이웃을 위해 목숨을 바친 전쟁의 또 다른 주역"이고 "희생 또한 아주 컸다"고 했지만, 노무 동원 과정의 불법성이나 강압성, 노무자와 그 가족이 겪은 고통이나 피해에는 거의 관심이 없었다. 당시 다부동 지역을 가득 메웠던 시산혈해는 한국군과 북한군의 병사로만 이루어진 게 아니다. 전투가 치열해지면서 노무자들도 매일

50~60명씩 죽어나갔다 한다. 그런데도 국가와 군은 전선에서 죽음으로 동원된 노무자들을 조국과 민족, 가족을 위해 희생한 애국적 무명용사로 소환하고 기억할 뿐, 그 밑에 가려진 진실을 대면하려는 노력은 방기하고 있다.

백선엽이라는 영웅신화는 전사한 병사들과 군적 없이 동원된 학도병뿐 아니라 죄 없는 주민들과 피란민, 그리고 보급품과 부상병을 지게로 날라야 했던 노무자들의 주검으로 쌓인 것이다. 애국 명명 뒤에 가려진, 산더미를 이룬 주검의 사연들과 진실을 기억하는 사람들은 적지만, 한국전쟁의 영웅이 필요한 사람들은 많다. 여전히 우리는 전쟁을 제대로 알고 있지 못하다.

# ☰ '빨치산 소탕작전', 군이 숨기려 했던 사진들

"공산주의 빨치산 혐의를 받고 있는 두 여성 전쟁포로"가 수용소로 이송되기 전 포로 등록 절차를 위해 간단한 조사를 받고 있다. 〈사진 1〉을 촬영한 스타우트Paul E. Stout 상병이 남긴 캡션이다. 여성의 오른쪽으로 갓난아기를 업고 있는 남성과 앳된 아이들이 순서를 기다리고 있다. 이 여성과 아이들은 어디에서 포획됐길래 "빨치산 혐의"를 받고 "전쟁포로"로 등록되고 있을까?

〈사진 1〉의 촬영일은 1951년 12월 10일이다. 바로 이날 스타우트 상병이 찍은 사진은 확인된 것만 해도 12장이다. 백선엽 장군의 이름을 딴 백야전전투사령부Task Force Paik(이하 백야사)가 12월 2일부터 1차 토벌작전을 전개하면서 생포한 포로 수가 빠른 속도로 늘던 때였다.


## 미군이 찍은 사진엔 전쟁포로 여성과 아이들

백야사는 미8군 사령관 밴 플리트 장군이 백선엽의 대게릴라전 경험을 높이 사 작전 책임을 맡기면서 설치됐다. 기존 지리산 일대의 빨치

<사진 1>
"빨치산 혐의를 받고 있는 여성과 아이들 포로."
(1951. 12. 10).

산 토벌을 맡고 있던 서남지구 전투사령부와 각급 경찰부대의 병력에 다가 새로 최전방에 있던 국군 수도사단과 제8사단을 빼내서 후방작 전에 투입했다. 또한 한국 공군과 미 극동사령부 심리전 부대의 지원 을 받아 유례없는 대규모로 구성했다.

1차 토벌작전은 계엄 선포 뒤 12월 2일 오전 6시에 개시되어 12월 14일까지 진행됐다. 지리산을 남북으로 나누고 수도사단이 남쪽에서, 제8사단이 북쪽에서 '타격 부대'가 되어 지리산 산정을 향해 포위망을 좁혀 들어가면서 토벌작전을 벌였고, 나머지 예비대는 '저지 부대'가 되어 포위망을 빠져나오는 '공비'를 토벌했다. 작전 지역에 지리산 인 근 마을들이 포함됐고, 공군의 폭격과 기총소사의 대상이 되기도 했 다. 토벌군은 "포위망을 좁혀가며 산골의 가옥과 시설을 모두 소각해 다시는 공비들이 거점으로 이용할 수 없도록 하고 주민들을 구호소로 소개시켰다"[31] 한다.

백선엽에 따르면, 포위망이 좁혀지면서 곳곳에서 전과 보고와 함께 포로들이 수용소로 끌려오기 시작했다. 포로는 "북한 정규군 출신과 남로당 출신의 입산자, 공비에 가담한 지역 출신자들"이었고, "나이 는 10대부터 40대까지 분포됐으며 …… 여자들도 상당수 섞여 있었 다"[32] 한다.

〈사진 2〉에서는 헌병의 삼엄한 경계 속에서 수도사단장 송요찬 장군 과 미군 선임고문관 힐데란트 대령Conard Hilderandt이 수도사단 기갑 연대의 토벌작전 결과 생포된 빨치산 포로들을 지켜보고 있다. 부상당 한 빨치산 포로는 지도와 여러 문서철을 소지하고 있던 간부급이어서 산 채로 잡혔을 것이다. 그 뒤로 트럭에서 아직 내리지 않은 여성들이

영웅과 신화의 사각을 보다

〈사진 3〉
"수도사단 사령부 내 임시 방책 안에서
대기 중인 빨치산 포로들."
(1951. 12. 10).

〈사진 4〉
"동상에 걸려 앉아 있는 여성 빨치산 포로."
(1951. 12. 10).

보인다.

〈사진 3〉의 피사체는 대부분 여성들이다. 나이든 여성들, 또는 혹독하게 추운 지리산 겨울을 나기에는 남루하고 초라한 행색의 사람들이다. 과연 모두 빨치산일까? 이들은 간단한 심문을 거쳐 "혐의"만으로 모두 전쟁포로가 되었다. 〈사진 4〉에는 동상에 걸려 앉아 있는 여성이 전쟁포로임을 나타내는 '꼬리표'를 들고 있다. 포로가 된 일시, 장소 등 정보가 적혀 있다.

## 백야사 1차 사살·생포 2,540명 "기대 못 미쳐"

당시 대규모 후방 토벌작전이 전개되는 상황이었기 때문에 국내외 신문기자들이 남원과 구례로 몰려왔고, "대서특필하기 시작했다."[33] 하지만 이 넉 장의 사진은 군 검열로 언론 배포가 제한됐다. 군은 토벌작전의 경과와 전과를 언론에 알려야 했지만, 여성과 아이들 위주의 피사체가 담긴 사진들을 배포하기는 어려웠다. "토벌"되는 게 빨치산인지, 지역 주민인지 언론이 의문을 제기하게 되면, 사태가 일파만파 커질 수 있기 때문이다. 안 그래도 1950년 겨울부터 1951년 초까지 이어진 공비 토벌작전, 특히 1951년 2월에 발생한 '거창사건'이 그해 4월부터 《뉴욕 타임스》 등 외신에 알려지면서 신성모 국방장관, 김준연 법무장관, 조병옥 내무장관이 경질됐고 군 관계자들이 유죄 판결을 받았던 때다. 심지어 '자유진영' 내에서도 전쟁의 정당성에 대한 회의감이 들고 있었다.

제11사단의 토벌작전은 거창사건뿐 아니라 함평사건, 고창사건, 산청·함양사건 등 숱한 민간인 학살사건으로 귀결됐다. 당시 제11사단장 최덕신 장군은 부하 지휘관들에게 '견벽청야' 작전(사실상 초토화작전)을 "100명의 공비를 사살했다고 할 것 같으면, 그중에 상당한 부분이 양민일 것을 각오해야 한다"고 말했다 한다. 광복군 출신인 최덕신이 이럴 정도였는데, 일본군 출신이거나 제주도, 여수·순천 등 전남동부 지역에서 주민들을 토벌한 경험을 갖고 있는 부하 연대장들은 더말할 것도 없었다. 백선엽이 한 말도 이런 생각의 뿌리들이 쉽사리 제거되지 않는다는 걸 보여준다.

수백 명의 양민이 국군의 총구 앞에서 숨겨간 매우 충격적인 사건이었다. 하지만 수비를 위한 방벽을 견고하게 쌓고 들판을 비워 적을 없앤다는 견벽청야의 독한 토벌로 빨치산이 상당한 타격을 받았던 것은 사실이었다.[34]

이쯤 되면 "백 명의 베트콩을 놓치는 한이 있더라도 한 명의 양민을 보호한다"는 훈령을 내린 주월한국군사령부 사령관 채명신 장군이 고마울 지경이다. 물론 현실은 그 훈령과 괴리가 너무 커서 민간인들이 대량 토벌되는 상황은 변하지 않았다.

이런 일들이 벌어질 것을 예상했던 것일까? 백야사의 작전이 개시되기 전 김성수 부통령은 백선엽에게 친필 서한을 전했다. "주민들 생활이 도탄에 빠져 있는데 군경의 민폐가 심한 현실을 직시하고 부디 국민을 애호하여 민간에 폐를 끼치지 말고 치안을 확보해 국민이 안심하고 살 수 있도록 해달라"[35]는 것이었다. 흥미로운 건 백선엽의 반응이다. "과거 빨치산 토벌작전은 대개 1개 사단이 나서서 빨치산이 숨어 있는 지역을 초토화하는 경우가 대부분"이었지만, 백야사의 작전은 빨치산을 즉석에서 사살하지 않고 생포했으며, 이들을 포로수용소에 수용했다고 자랑스럽게 말한다. "아무 생각 없이 그들을 따랐던 사람들을 하나라도 건져내기 위해서였다"[36] 한다. 양민 곁에 빨치산이 바싹 붙어 있어서 서로 섞여 있으니 토벌작전의 핵심은 비민匪民(공비와 양민) 분리에 있고, 공비 소탕은 토벌 못지않게 기회주의적 태도를 취하는 주민들의 마음을 얻어야만 성공할 수 있다는 백선엽의 말도 같은 선상에 있다. '양민'이니 '주민'이니 했지만, 빨치산 옆에 있는 한 보호받지 못했다. 그렇게 해서 거둔 백야사의 1차 토벌작전 전과가 "사살 940명, 생포 1,600명"이었다. 이에 대해 백선엽은 "주력이 아니라 말단 부대와 빨치산을 따라다녔던 부역자들을 사살하거나 생포하는 데 그쳐" "기대에 미치지 못했다"고 자평한다.[37]


## 빨치산 잡으려 자국민도 학살

2~4차 작전이 연이어 전개됐고, 1952년 3월 14일 모든 토벌작전이 완료됐다. 이에 대한 전과 기록은 다소 제각각이다. 전사편찬위원회의 《대비정규전사》(1988)는 4차 작전을 제외하고도 사살 7,737명, 생포 7,993명, 귀순 506명으로 기록했다. 백선엽은 최근 회고에서 사살 5,009명, 생포 3,968명, 귀순 45명이라 했다. 진실화해를 위한 과거사

정리위원회의 2010년 상반기 조사보고서는 사살 6,606명, 포로 7,115명으로 집계했다. 이런 공식 통계치는 최소치일 것이다. 백선엽도 "실제 사살 및 포로는 추정 숫자를 훨씬 상회했다. 이는 공비들의 세력이 강력했고, 공비들에 포섭된 비무장 입산자도 많았음을 반증한다"[38]고 말했지만, 그들 중 상당수는 피란민이었다.

이쯤 되니 궁금증이 꼬리를 문다. 빨치산을 완전 소탕하기 위해 지역 주민 삶의 터전에 계엄을 선포하고 비민 분리를 위해 마을을 파괴하며 빨치산을 놓치지 않기 위해 자국민 학살도 각오하겠다는 백선엽과 군 수뇌부의 발상이 어디에서 비롯됐는지 말이다.

우선 미 군사고문단의 대민 인식과 역할을 들 수 있다. 안정애의 연구에 따르면, 전적으로 밴 플리트가 백야사를 구성하고 작전 개요를 세웠다. 밴 플리트는 제2차 세계대전이 끝나고 냉전의 최전선 그리스의 미 군사고문단 단장으로 부임해 공산게릴라 토벌에 큰 공을 세운 대게릴라전 전문가였다. 그런 그가 그리스에서 함께했던 윌리엄 도즈 William Dodds 중령 등 60여 명의 고문 장교들을 백야사에 지원했다. 장비 지원만 한 것이 아니라 작전, 연락, 통신, 심리전 등을 실질적으로 지휘했다. 992만 장의 삐라가 지리산을 하얗게 덮을 정도로 대량으로 공중 살포된 것도 그런 지원이 있었기에 가능했다.[39]

미군의 대게릴라 토벌 방식의 전수는 1948~1949년으로 거슬러 올라간다. 미군은 제주4·3사건과 여순사건의 진압, 1949년의 빨치산 완전 토벌 여부를 이승만 정권의 생존 능력을 시험하는 '리트머스 시험지'로 간주했다. 이승만 정권이 장제스 국민당 정부의 실패를 반복하느냐, 아니면 미국의 봉쇄정책이 성공하느냐는 빨치산 완전 토벌에 달려 있다고 인식했다. 미 군사고문단은 토벌작전 계획을 세우고 현장에서 감독했다. 한국군 정보국 고문이었던 하우스만과 리드 대위는 여순 진압작전 계획을 주도적으로 세웠다. 1949년 초 지리산 토벌작전의 고문이었던 그린피스 소령도 가능한 모든 수단을 동원한 소탕작전을 입안했다. 이 작전에 마을 파괴와 '무자비한 살상'이 포함됐다. 미군의 적극적인 계획과 지원 아래 정일권이 지휘하는 토벌대가 여순사건의 주동자 홍순석과 김지회 등을 사살하면서 토벌작전을 마무리할 수 있었다.

## '잔혹행위' 간도특설대 경험도 바탕

여기서 주목할 것은 1949년 한여름에 육본 정보국장에서 광주 5사단장으로 자리를 옮겨 1949년 동계토벌을 지휘했던 백선엽의 행보다. 그는 미군의 빨치산 토벌작전의 개요와 방식도 잘 이해했다. 그러나 그에게 또 다른 경험 자원이 있었는데, 바로 간도특설대 경험이다. 빨치산 유격대의 각 근거지를 봉쇄, 고립시키고, 산간 지역 마을 주민들을 소개한 후 근거지에 대한 대규모 소탕전을 전개하는 건 일본 관동군과 간도특설대가 벌였던 반만·항일 유격대 토벌작전에서 나왔다.

백선엽은 회고를 통해 "만주군에 있을 때 익히 들었던 것"이라며 마오쩌둥 전술을 설명하고, 1949년 전후를 "중국의 상황과 다를 바 없었다"고 주장한다.[40] 이건 정일권이 예관수와 함께 1948년 8월에 펴낸 유격전 교육교재 〈공산군의 유격전법과 경비와 토벌〉의 인식 및 주장과 일치한다. 그들은 "제주도 폭동세력"이 중국공산군의 유격전법을 사용하고 있다는 미확인 주장을 유포하면서 제주4·3사건을 '폭동사건'으로 낙인찍었다. 이런 인식에서 보면 초토화작전과 민간인 학살은 기껏해야 폭동 진압 명령을 과도하게 수행하는 과정에서 발생한 실수 정도로 취급된다.

흥미로운 점은 2010년 백선엽 회고록에서 "마을을 모두 불태우는 초토화작전"이 "적과 아군을 제대로 식별할 여유가 없을 때에는 빠른 진압을 위해 국군이 간혹 펼치곤 했던 극단적인 방법"이고 "빨치산과 관련이 없는 양민에게는 한순간에 가옥과 전 재산을 잃는 절망적인 일"[41]이라고 인정했다는 거다. 그럼에도 불구하고 그는 1949~50년과 1951~52년에 초토화작전이 벌어진 것에 대해서는 부하 장교의 원한이나 잘못 등으로 치부하고, 지휘관으로서의 책임을 회피한다. 이게 백선엽 회고의 특징이기도 하다. 작전의 오류를 순순히 인정하는 대목에서 본인은 전지적 시점으로 숨어버린다. 동료와 부하의 잘못이고, 국군의 처지에서 보면 불행이지만 예외적인 것이라는 태도를 취한다.

백선엽은 정일권·김백일·김응조·신현준·이용 등 만주군 출신이 민심 획득의 중요성을 철저하게 배웠고, 특히 간도특설대가 이를 잘 지켰다고 주장한다. "죽이지 말라, 태우지 말라, 능욕하지 말라는 말을 귀에 못이 박히도록 들었으며", "게릴라 토벌은 민심을 얻어야만 성공한다는 점을 항상 마음속에 새겼다"[42]는 것이다. 그러나 허은 교수는 간도특설대의 잔학행위는 이미 여러 자료로 입증된 바 있고, 1951년 백야사도 실제 민심 획득을 최우선하는 작전을 전개했는지 의문이라고 평가한다.[43] 무엇보다 "공비 토벌을 위한 민심 획득"은 백야사가 국민으로서 지역 주민의 안전에 관심을 쏟았던 것이 아니라 토벌작전 과정의 선무 대상으로서만 주민을 바라봤음을 의미하는 게 아닐까?

## 지리산 인근 주민 20만 명은 전부 '적'

백야사 작전참모였던 공국진 대령이 1965년 백선엽을 비판한 증언을 봐도 알 수 있다. 백선엽은 회고에서 2차 토벌작전 때 공국진 대령이 정보참모 유양수 대령과 작전에 대한 의견 충돌로 갈등했고, 그 결과 "유능한 공국진 대령"을 어쩔 수 없이 해임하게 됐지만, 두 참모 간에 친분은 계속됐다는 식의 미담을 소개한다. 그러나 정작 백선엽은 공국진 대령과는 친분을 유지하지 못했던 것일까? 공국진은 "당시 작전과 관련해 회한 서린 이야기"를 증언으로 남겼다.

지리산 주변 9개 군 주민이 20만 명인데, 백선엽이 "이 안에 있는 것은 다 적"이라 했다는 것이다. 그런 인식이 깔린 토벌작전으로 많은 아이와 부녀자가 포로로 포획됐고, 트럭에 실어 광주 포로수용소로 보내졌다. 그리 되면 아이든 부녀자든 다 얼어 죽을 거다, 동족상잔하는 마당에 양민과 적은 가려서 취급해야 하지 않냐고 공국진이 백선엽에게 항변했다고 한다. 그는 수많은 양민이 광주 포로수용소에서 반수 이상 죽었다면서 다음과 같이 말했다. "백성을 보호하면서 전투를 해야지 성과 위주로 하면 안 된다 …… 송요찬(수도사단장)도 …… 최영희(제8사단장)도 다 반대"했고, "길이길이 두고 욕을 먹을"[44] 거라고 했다. 공국진 증언에 대한 백선엽의 반론은 별도로 나오지 않았다. 한국전쟁기 광주 중앙포로수용소를 분석한 정찬대의 석사논문 〈국민만들기의 폭력적 동화〉(2019)는, 공국진의 증언이 허언이 아님을 뒷받침하고 있다.

3부
버림받은 국민과 비국민 사이에서

# 三 포로가 된 국민, 버림받은 비국민

포로 하면 무엇을 떠올릴까? 대개 무기를 버리고 손을 든 적 병사를 상상하지 않을까? 여기에서 포로란 항복 의사를 표시한 무장한 적군이다. 〈사진 1〉은 이런 이미지에 부합한다. 맥아더 총사령관 직속 사진병 로버트 댄젤Robert Dangel 상병이 찍은 것으로, 9월 15일 인천상륙작전으로 월미도에서 생포한 북한군 병사들을 포착한다. 한·미 해병 병사들이 월미도를 방어했던 북한군 병사의 무장을 해제시키고 있다. 손들고 있는 병사 3명 중에, 중간에 있는 어린 소년 병사는 겁에 질려 있다. 강경한 표정으로 총을 겨누는, 철모를 쓰지 않은 한국 해병의 표정과 대비된다.

사진은 적 병사가 포로로 포획되는 전형적인 이미지를 보여준다. 아주 잠깐 어린 소년병에 시선이 머물 수 있다. 그러나 무장했던 적 병사니 포로가 맞다고 생각하고 넘어갈 것이다.

## 포로로 잡힌 피란민 가족

그런데 미군 사진병의 시각에 포착된 전쟁포로의 모습은 너무나 다양했

〈사진 1〉
1950년 9월 15일 미군 상륙부대가
인천상륙작전 동안 포로로 잡은 적 병사들을 검사하고 있다.

다. 포착된 피사체가 과연 포로가 맞는지 사진병조차 의구심을 갖고 촬영한 경우가 많아 이를 사진 설명에 적어놓은 경우도 있었다. 예컨대, 무기도 없고, 군복을 입지 않은 '흰옷'을 입은 남자들이 포로로 잡혀 있는 사진들이 있다. 무기를 숨기고 주민으로 변장한 적 병사들이었을까? 그런가 하면 병사라고 하기에는 너무나 어린 소년들이 있고, 반대로 촌로村老로 보일 정도로 너무 나이 많은 남자들도 포로로 포착되었다. 어디 이뿐인가? 어떻게 봐도 피란민으로 보이는 한 가족이 검문을 받다가 포로로 포획되어 수용소로 가는 사진들도 꽤 있다.

이 사진들은 4통신대 소속 맥킨니McKinney 상병이 촬영한 5장의 연속 사진들 중 2장이다. 1951년 7월 미 2보병사단의 헌병들이 전선 지역으로 다가오는 피란민 가족을 어떻게 인식하고 처리했는지 잘 보여준다. 〈사진 2〉를 보면, 가장으로 보이는 피란민 남성이 두 손을 올리고 무기를 숨기지 않았는지 검사받고 있다. 오른쪽 미군 헌병은 짐을 풀고 있는데, '밀수품'이 있는지 검사하고 있다. 미군은 '밀수품'이라 불렀지만, 피란민 봇짐에서 무엇을 찾겠는가? 그게 무엇이든 미군을 해롭게

• 〈사진 2〉
"이 한국인 피란민들은 미 2보병사단의 포로구역에서 검문과 심문을 받고 있다. 그들이 신원이 확인되면 민사로 넘겨지게 된다"(1951. 7. 19).

•• 〈사진 3〉
"조사와 심문을 받은 후 피란민들은 포로구역에서 신원 승인과 그들을 인수해 갈 민사장교를 기다린다. 평균 대기 시간은 24시간이다. 피란민들은 포로구역에 있는 동안 하루 두 끼 식사를 제공받는다"(1951. 7. 19).

한다고 하면 피란민이 어찌 토를 달까? 왼쪽에 앉아서 심문하고 있는 병사(한국인 통역)는 신원 확인과 함께 피란 여정을 묻고 있다. 흥미로운 것은 '포로Prisoner of War'라고 적힌 인식표를 작성하고 있다.

그 후 이 가족은 포로구역에 구금되었다. 〈사진 3〉이 이를 포착하고 있다. 남성은 포로 인식표를 목에 걸고 있다. 카메라의 응시를 의식하고 있는 여자아이는 표정이 어둡다. 아버지가 작게 항의하는 것도 지켜봤다. 그럼에도 결국 포로구역으로 들어가고 있다. 하루, 이틀 뒤 이 가족의 운명은 어떻게 되었을까? 수용소는 피할 수 없다. 운이 좋으면, 피란민수용소로, 그렇지 않으면 포로수용소에 민간인 억류자로 보내졌다. 지난해 여름부터 미군은 전선을 통과하려는 피란민들을, 남녀노소할 것 없이 적대시하고 무력을 사용해왔음을 감안하면, 그나마 살아남아 포로가 된 것을 다행이라고 여겨야 할까?

## 피란민은 공산주의 전쟁포로

전선이 위아래로 심하게 요동치는 난리통에, 게다가 후방에도 큰 산에 '제2전선'이 펼쳐져 있는 상황에 피란민들이 안전할 수 있는 공간은 많지 않았다. 주요 도로는 이미 미군과 한국군이 방어와 보급을 위해 차지했고, 이에 접근하는 것은 목숨이 여러 개여도 극히 위험한 일이었다. 1951년 '1·4후퇴' 이후 미 8군의 피란민 유도정책에 따르면, 피란길로 허용된 도로는 몇몇으로 한정되었다. 대전 이남으로 통행하는 차량에 민간인의 탑승 자체를 금했고, 대전 이남의 열차에는 이리를 제외하고는 어떤 피란민도 허용되지 않았다. 타도 지역의 피란민들이 대구 이남의 경상남도로 들어오는 것은 원칙적으로 허용되지 않았고, 이미 들어와 있는 피란민들은 대구의 경우 전라도로 보내고, 부산의 경우 거제도와 제주도로 이동시킨다는 방침을 세웠다.

미군은 차치하고, 한국 정부와 한국군에게 피란민은 어떤 존재였을까? 피란민도 보호해야 할 국민으로 여겼던 것일까? '불순분자'와 흰옷을 입고 변장한 적이 침투한 오염된 무리로 보았다. 이런 인식이 팽배했기에 피란민을 거리낌 없이 공산주의자 전쟁포로로 처리했다. 국민이 포로가 되었고, 때로는 비국민의 문턱으로 넘어갔다.

몇 년 전 국민의 안전을 들어 한국에 난민 수용을 반대하고 난민법을 폐지하자는 청와대 청원이 역대 최다 추천을 기록한 적이 있다. 인종, 종교, 국적, 특정 사회집단의 성원으로서의 신분, 정치적 견해를 이유로, 또는 오랜 내전 상태를 이유로 한국으로 온 피란민refugee들을 수용하지 말자는 주장은 '그들'을 온 곳으로 강제로 돌려보내라고 말하는 것과 같다. 대한민국 국적자, 국민으로서의 '우리'의 안전이 중요하지 '그들'까지 왜 보호해야 하느냐, 박해를 피해서 온 '그들'의 상황은 유감이지만, '그들' 중에는 가짜가 있을 수 있고, 범죄를 저지를 가능성도 농후하니 '그들'을 받아들이지 말아야 하고, 이번 기회에 그 근거인 난민법도 폐지하자고 한다. 한마디로 난민을 '비국민'으로 보고 있다.

## 국민과 비국민을 가르는 경계

국민과 '비국민'의 경계는 자명한 것일까? 대한민국에서 태어나서 대한민국 국적자가 되면 국민이고, 당연히 보호받는 것일까? 한국 현대사는 그 국민을 '비국민'으로 처리해 국가폭력을 자행했던 숱한 사례들을 보여준다. '제주4·3'에서, 한국전쟁기 피란민 인식과 처리, 자국민 학살사건들에서, '광주5·18'에서도 보지 않았던가? 국민과 '비국민'을 가르는 경계가 국적자와 비국적자 사이에 있다고 자명하게 생각하는 것은 순진한 생각이다.

남해 한산도 바다 남쪽으로 조금만 내려가면 용초도(현재 용호도)라는 섬이 있다. 용머리 바위가 있고 풀이 많다고 해서 '용초'라고 한다. 내가 배를 두 번 타고 이 섬에 처음 들어간 건 2015년 가을이었다. 그런데도 섬 가운데 나지막이 솟아 있는 수동산에는 무성한 풀이 사람 키보다 높아 도로를 벗어나면, 마치 영화 〈인디아나 존스〉에 나오는 어느 오지 같은 느낌이 들었다. 그해 여름에 앞서 이 섬을 찾았던 우리 연구팀은 현지 마을 어르신의 안내에도 불구하고 길을 잃고 말았다. 풀숲 어딘가에 숨겨져 있는 유적을 끝내 찾지 못했다. 동료 연구자는 이곳을 '지옥도'라 말하곤 했다. 섬에는 '최고 감옥'이라 불리는 터도 있었다. 해적섬 같은 상상은 하지 마시라. 용초도 앞 한산도 현지 주민들은 이 섬에 "악질 포로"들이 8,000명이나 구금되어 있었다 한다. 바다 건너 김일성 장군의 노래가 바람 따라 들려오고 아주 가끔 총소리가 터져나왔다며 조심스럽게 말 꺼내는 어르신의 표정이 아직도 생생하다.

1952년 6월 거제도 포로수용소의 분산정책에 따라 용초도에 포로수용소 3개 구역 16개 수용동이 설치되었고, 북한 인민군 장교 및 병사들이 수용되었다. "악질 포로"라는 주민들의 말처럼 이 섬의 포로들은 거제도에서처럼 유엔군의 포로 관리에 맞서 '떼창'(집단합창)과 시위로 저항했고, 그 끝은 유혈 진압이었다. 근처 봉암도(현재 추봉도)와 함께 이 섬에서 벌어진 비밀스러운 유혈 진압은 정전협상이 진행되던 판문점으로 전해지거나 심지어 유엔에 전달되었다. 이 때문에 유엔군이 곤혹스러울 정도로 이곳은 또 다른 전쟁터였다.

## 조국 향한 사랑은 짝사랑이었다

판문점에서의 정전 합의로 한반도에 총성이 멎었지만, 용초도의 상황은 그렇지 않았다. 북한군 인민군 포로들은 1953년 8월 일반포로 교환 때 판문점을 거쳐 북한으로 올라갔지만, 곧바로 새로운 포로들이 섬에 들어왔다. 국군 귀환포로였다. 용초도 포로수용소가 국군 귀환포로 집결소로 용도 변경된 것이다.

이 사실을 처음 들었을 때 몇 번이나 되물었을 정도로 내 귀를 의심했다. 섬 수동산 자락에서 내다보이는 남해 한려 해상의 풍광이 아름답긴 했지만, 배를 두 번 타고 들어와야 하는 고립무원의 섬의 섬이었다. 이

• 〈사진 1〉
용초도 국군 귀환포로 집결소를 항공에서 촬영한 사진(1954. 3).

•• 〈지도 1〉
지도는 1953년 1월 기준 용초도 포로수용소 구역도.

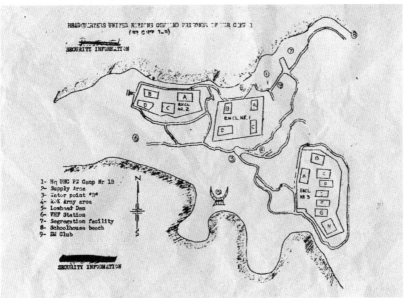

런 곳에 공산군 측 포로수용소에서의 포로 학대, 굶주림, 질병, 압박과 회유를 동반한 "세뇌교육", 심지어 유엔군의 폭격에도 불구하고 살아남아 한국으로 돌아오기를 '선택'한 국군 "귀환용사"들을 처박아놓은 것이다. 당시 이승만 정부는 국군 귀환포로의 호칭을 "귀환용사"로 통일시키고 대대적인 시민 환영 행사를 조직하라고 지시할 정도로 "영웅"들이라고 하지 않았나?

충격은 국군 귀환포로 당사자들에게 더 컸다. 귀환포로 박진홍은 《돌아온 패자》(2001)라는 체험기에 당시 심경을 남겼다.

나의 조국 대한민국은 무엇 때문에 우리를 외딴 섬 용초도에 가둬 놓고 철조망까지 둘러치고 있는 것일까? 혼자 생각해보았다. 군 당국은 우리가 북쪽에 있는 동안에 붉은색 물이 든 정도가 아니라 완전히 빨갱이가 돼서 돌아온 것으로 판단하는 것 같았다. 당신들은 무엇이 붉은 것이고 무엇이 빨갱인 줄 알기나 아는가. 우리는 모두가 이쪽을 선택해서 돌아온 국군이다! 공산주의 사상이 무엇인지 우리는 모른다. 우리는 무엇이 좋은가를 스스로 판단해서 돌아왔다! …… 조국아! 나는 너를 그토록 사랑했건만 그것이 결국 짝사랑이었단 말인가! 나를 맞이하는 너의 첫 품이 용초도의 인민군 포로수용소란 말인가!(201쪽)


## 포로의 정신을 포획하려는 시도

그랬다. 박진홍은 스스로를 '귀환용사'가 아니라 '돌아온 패자'라고 인식하고 있었다. 그는 용초도에서, 아니 그 출발점인 판문점 '자유의 문'을 통과하면서부터 무엇을 예감했던 것일까?

포로 처리 문제를 합의하지 못해 전쟁이 18개월 정도 더 진행된 것은 잘 알려져 있다. 유엔군 측이 전달한 포로 명부에는 공산군 포로가 13만 명 정도 되었는데, 공산군 측이 전달한 명부에는 유엔군 포로가 1만 1,000명 정도에 불과했다. 유엔군은 공산군 측이 포로 수를 축소시킨 것으로 보았다. 1951년 6월 25일 북한군 총사령부는 유엔군 포로가 10만 8,257명이라고 주장한 적도 있기 때문이다. 《로동신문》(1951. 6. 25)을 통한 보도였으니 북한군이 과장 선전했을 가능성도 있고, 그 사이에 유엔군 포로들이 동사, 아사, 학대에 가까운 노역, 유엔군의 폭격으로 죽었을 수도 있다. 영화 〈태극기 휘날리며〉(2004)에도 나오듯 한국군 포로들이 북한 인민군의 강압이나 회유에 의해 인민군으로 편입되었을 수도 있다. 그럼에도 약 11만 명에서 10퍼센트밖에 안 되는 이 포로 명부를 유엔군은 받아들일 수 없었다. 결국 유엔군은 '전쟁포로의 대우에 관한 제네바협약'(1949)의 본국 무조건 송환 원칙(118조)을 거부하고 자의에 의한 송환 원칙을 주장하고 관철시켰다.

《한국전쟁》(2005)을 쓴 박태균이나 《판문점체제의 기원》(2015)을 쓴 김학재 등 여러 연구자들이 잘 논증했듯이, 자원 송환 원칙은 미국이 새로운 관점, 즉 심리전에서 승리를 거두기 위해 고안되었다. 전선이 고착되어 어느 쪽도 확실한 승리를 거둘 수 없는 상황에서, 적 포로들이 송환을 거부하고 남는다면, '적' 진영/체제가 사람들을 군대로 강제 동원해 전쟁터로 내몰았다는 증거가 될 것이고, 더 나아가 '우리' 진영/체제의 우월성을 선전하고 이데올로기적으로 승리하는 것이라는 관점이었다. 전투에서 승리하지 못한다면, 명분에서라도 승리하자는 새로운 성격의 전쟁이 이중으로 전개된 것이다.

이 이데올로기 전쟁은 유엔군 측의 수용소에서는 포로 성격에 따른 재분류, 전쟁범죄 조사를 겸한 (재)심문, (재)교육을 통한 강제된 선택으로 진행되었다. 그 과정에서 발생한 갈등은 포로 간의 유혈 폭력을 더 증폭시켰고 수용소 당국의 폭력적 진압과 학살로 귀결되었다. 공산군 측이 관할하는 포로수용소에서도 별반 다르지 않았다. 유엔군이 "세뇌교육"이라 불렀던 정치적 사상 교화가 유엔군 포로들을 대상으로 진행되었다. 자료 미비로 엄밀한 학술 연구가 진행되고 있지 못하지만, 구술 기록에 의거해 본다면, 포로 구금 상태와 강제 노역은 포로 학대 수준이었던 것으로 판단된다. 국군 포로가 인민군으로 편입하게 된 여러 계기들이 있겠지만, 포로 상태에서 벗어나는 것이 생존할 확률을 높이는 것이 아니었을까? 한마디로 유엔군과 공산군 둘 다 각각 관리하고 있는 포로들의 정신과 몸을 포획하려는 시도를 치열하게 전개했다.

박진홍의 체험에서 등장하는 한 인민군 병사의 이야기가 떠오른다. 그는 스스로 국군 포로였지만 인민군에 입대했다고 밝히면서 "고향에 가거든 내 소식을 전해달라"고 주소와 이름이 적힌 종이를 박진홍에게 건넸다. 반면 이 사연은 '자원 송환'된 국군 포로의 의지를 부각시키는 효과가 있다. 7,862명이 부상병 포로 또는 일반포로로 교환되어 생환했다. 그 의지의 배경은 이데올로기의 선택으로 결코 수렴되지 않는다. 박진홍의 말처럼 "고향이 있고 부모가 살아 있는 내 조국 대한민국"을 선택했다.

"포로 교환협정에 따라 송환되는 국군 포로가 제5국군 이동외과병원 본부에서 손수 만든 깃발을
옆에 두고 충분한 시간을 두고 뜨거운 수프를 즐기고 있다"(1953. 4. 25).

# 팬티 입고 처절한 애국 증명

국군 귀환포로들은 판문점 '자유의 문'을 통과해 "대한부인회라는 어깨
띠를 두른 부인들"의 따뜻한 환영과 보살핌을 받았지만, 불길한 예감에
빠졌다. 육군 총참모장 백선엽 장군의 "전우들 중 적의 강압에 못 이겨
본의 아닌 행동이 있었다 하여도 충심으로 반성하고 대한민국에 충성을
맹세하라"는 일장 연설이 불길했던 것일까? 귀환포로 박석태 하사는 머
플러에 "대한청년의 의지는 꺾지 못하리라"는 혈서를 쓰고 다시 군 복
무하겠다고 "애원"했다.[1]

〈사진 2〉는 부상병 포로 교환(1953년 4월 20일~5월 3일)으로 남측에 넘
겨진 국군 귀환포로를 피사체로 담았다. 304통신사진소대 아담스Joseph
H. Adams 이병이 촬영한 사진 속 시각에서 중심 피사체는 사진 설명과
달리 조악하게 만들어진 태극기다. 뜨거운 수프를 앞에 두고도 손수 만든
저 깃발을 꼭 끼고 있는 포로의 심경은 어땠을까? 무엇을 예감했을까?

〈사진 3〉도 같이 보자. 휴전 직후 이루어진 일반포로 교환(1953년 8월 5
일~9월 7일)으로 판문점 '자유의 문'을 통과해 내려온 국군 귀환포로들이
힘차게 노래 부르고 있는 장면을 포착했다. 귀환포로들은 인민군 복장의
포로복 상의와 바지를 다 벗어버린 채 팬티만 입고 태극기를 흔들며 애국
가를 부르고 있다. 죽음으로 애국을 입증하지 못하고 살아 귀환한 포로에
대한 이중적 시선을 직감해서 더 자신의 애국과 충성을 증명하려 했을까?

〈사진 4〉는 국군 귀환포로의 자기 증명의 클라이맥스 같은 장면이 아
닐까 싶다. 사진은 9월 3일 오전 9시 40분에 열렸던 국군 '귀환용사' 인
수 환영식의 모습을 담고 있다. 사진 양 끝에는 '귀환용사' 플래카드와

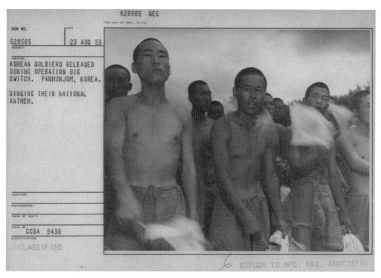

"일반포로 교환에서 풀려난 국군 병사들이 애국가를 부르고 있다"
(1953. 8. 23).

이승만 대통령이 문산 포로인수본부를 방문해 '귀환용사' 인수 환영식에 참석했다.
1953. 9. 3. 이승만연구원 소장(조성훈, 《6·25전쟁과 국군포로》, 2014, 171쪽).

'환영 자유의 문으로'가 보인다. 정중앙에는 이승만 대통령과 테일러 Maxwell D. Taylor 미 8군 사령관이 있고, 양 옆으로 프란체스카 여사와 대한부인회 회장 박순천 의원을 비롯해 손원일 국방부 장관, 국군 및 유엔군 포로인수본부의 장병들과 기자들이 늘어서 있다. 이 대통령은 친히 위로하러 왔다고 하면서 조국에 "재기봉공"(국가를 위해 가진 재주를 다함)할 것을 요구했다. 귀환포로들은 〈사진 3〉과 마찬가지로 팬티만 입은 채 이 대통령의 환영사를 듣고 있다. 굳은 표정의 '용사'들은 어떤 생각, 감정이었을까? 처음에는 기쁨, 눈물, 고마움, 고향, 조국, 애국심, 충성과 같은 단어들이 뒤범벅되어 고양되었지만 불길한 예감이 스물 스물 올라오는 것을 떨쳐버리기 어려웠을 것이다.

국군 귀환포로들은 전원 지체 없이 서울과 인천을 거쳐서 LST에 승선했다. 행선지도 듣지 못했다. LST 배 밑창에 누워 있을 때, 불길한 예감은 차츰 현실이 되어갔다. 적 수중에 있었던 자신의 과거가 문제 없는지 스스로 검열하기 시작했고, 누가 바다에 버려졌다는 식의 뜬소문들이 돌면서 불길함은 공포로 치닫기 시작했다. 그들은 그렇게 용초도 포로수용소로 밤낮없이 이틀 동안 나아갔다.


## 사상 검증, 즉결처형, 자살

국군 공식 전쟁사에서 국군 귀환포로의 용초도 행은 거의 사각에 가깝다. 일부 전쟁사에서 반공주의 필터로 걸러져 극히 파편화된 채로 서술될 뿐이다. 최근에는 2014년 출간된 《6·25전쟁과 국군 포로》에서 소략하게 다루었다. 차라리 당시 신문기사들이 용초도 귀환군 집결소에 대한 단편 정보들을 제공한다. 《동아일보》 보도(1953. 9. 19)에 따르면, 귀환군 집결소 설치와 운영의 목표는 귀환포로들을 "사상적으로 확고한 인증을 받은 용사"로 거듭나게 하는 데 있었다. 그러니까 포로들이 공산주의 "세뇌교육"을 받았다는 것을 전제로 사상 검증했다. 가령 적의 노래를 배우고 불렀거나, 강압에 의했더라도 노역에 동원되었거나, 수용소 자치위원장 또는 간부로서 활동했거나 하는 식의 사항을 체크했다. 포로를 심문하고 동료를 고발하게 하고, 이를 다시 해명하게 하는 식의 '부역자' 색출 방식으로 진행되었다. 국군 특무대와 함께 포로 심문을 수행했던 미군 방첩대CIC 파견대가 생산한 각종 심문보고서와 요원보고서는 이를 잘 보여준다.

7,862명 국군 귀환포로는 그렇게 갑·을·병으로 분류되었다. 갑종과 병종에 대해서는 재교육을 통해 재복무시키거나 제대시켰지만, 을종에 대해서는 법에 의거해 "처단"했다. 심지어 "즉결 처형"했다는 의혹도 있다. 박진홍의 회고에는 귀환군 집결소에서 계속되는 자살로 "차마 눈뜨고 볼 수 없이 처참하게 죽어갔던" 상황에 대한 서술이 있다. 한산도로 소개된 용초도 주민들도 용초도에 국군 포로들이 들어온 후 밤만 되면 총소리가 자주 났다고 증언했다.

"국군 귀환포로들은 지옥에서 생환했지만, 또 다른 지옥에서 생존해야 하는 시험대에 놓였다"[2]는 전갑생의 평가를 되새기지 않을 수 없다. 박진홍의 "돌아온 패자"라는 인식도 용초도 인민군 포로수용소였던 잘못된 장소에 왔다는 불안감과 함께 사상 검증을 통과하지 못하고 자칫하면 빨갱이로 죽을 수 있다는 공포감이 작용하면서 귀환포로들에게 확산된 것이라 볼 수 있다.

이 지옥에서 또 살아남아도 국방부의 보증처럼 대한민국 국민으로 완전히 포섭되는 건 결코 아니었다. 빨갱이 딱지는 군사 정부가 위기를 운운하고 비상사태를 선포할 때마다 망령처럼 되살아났다. 그럴 때마다 귀환포로가 획득한 국민 지위라는 건 참 취약하고 부서지기 쉬웠다. 이건 국군 귀환포로에만 국한된 건 아니다. 북한으로 돌아간 인민군 귀환포로도, 중국으로 돌아간 중국인민지원군 포로도 자의로 선택해 돌아간 조국에서 환영받지 못했고, 사상적으로 검증받아야 했다. 거기서 통과했더라도 현대사의 굴곡진 고비마다 그들은 인민의 지위에서 미끄러지고 좌절했다.

## 평화의 절실함 보여주는 전쟁포로

이게 어디 '귀환포로'만의 문제일까? '반공포로'도 그랬다. 아니 포로라는 존재가 다 그랬다. 그렇기 때문에 '적/아'라는 양자택일적 시각, 냉전적 적대와 진영·체제 대결의 시각으로부터 벗어나 이제는 포로라는 존재를 평화의 지평에서 말할 수 있어야 한다. 그러나 대한민국역사박물관의 특별전 '전쟁포로, 평화를 말하다'(2018. 12. 5~2019. 1. 17)를 두고 벌어진 일련의 소동은 포로 문제가 여전히 적대적인 반공주의 시각에 포획되어 있음을 보여준다. '(뉴)라이트' 성향의 사람들과 언론은 이 전시가 평양박물관의 것으로 착각할 정도로 사실을 왜곡하고 있다고 주장한다. 이들에게 어떻게 하면 전쟁포로들이야말로 존재를 통해 전쟁이 아니라 평화가 왜 절실한가를 역설하고 있다는 것을 깨닫게 할 수 있을까?

'대동강 철교의 피란민'이란 사진이 있다. 《라이프*Life*》지 사진기자 막스 데스퍼M. Desfor가 찍었다. 그는 히로시마에 원폭을 투하한 B29기와 미주리호 함상에서 일본의 항복 서명 장면을 찍은 종군사진작가다. 한국에는 1950년 7월 17일에 들어와 많은 사진을 찍었고, 대동강 철교 사진은 1950년 12월 4일에 촬영했다. 이 사진은 12월 18일 자 《라이프》지에 휴 모펫H. Mffett 기자가 쓴 기사와 함께 실렸다. "상황을 간단히 말하면, 도주"라는 글이었다. 전쟁에서 미군의 퇴각과 함께 북한 주민들의 피란 상황을 생생히 보도함으로써 독자에게 충격적인 이미지를 전달한다.

## 데스퍼와 헬름스의 대동강 철교

이 사진으로 데스퍼는 1951년 보도사진 부문 퓰리처상을 받았다. 이후 이 사진은 전쟁의 비인간적 참상을 기록하고 고발하는 이미지로 재현되면서 인류애적 원조(구원)를 보편화하는 장치가 되었다. 그러나 어디

〈사진 1〉
"공산주의자들의 보복에 대한 두려움으로
평양에서 내려온 한국인들은 폭격 당한 대동강교의 비틀어진 철골을 타고
앞 다투어 피해 달아나고 있다."
(《라이프》1950. 12. 18. vol. 29, no. 25, p. 29).

〈사진 2〉
"평양 대동강을 가로지르는 일부 파괴된 다리의
비틀어진 철골은 중공군의 진격을 피해 달아나는 한국인들의
자유의 생명선 역할을 하고 있다."
(1950. 12. 3).

까지나 미국적, 세계적 수용의 맥락에서 그렇다. 한국에서는 '자유 피란 민'의 재현으로 수용, 재생산되었다. 용산 전쟁기념관의 전시에 배치되어 있는 이 사진이 어떤 이야기 맥락에 있는지를 보면 명확하다. 공산주의의 압제를 피해 죽음을 무릅쓰고 자유를 위해 탈출을 감행한 월남 피란민의 '엑소더스'인 것이다. 모세가 유대인을 이끌고 갈라지는 홍해를 건너는 이미지와 겹쳐진다.

그런데 더 흥미로운 이야기가 있다. 데스퍼가 사진을 촬영한 하루 전 12월 3일 대동강 철교의 피란민을 거의 같은 구도에서 같은 상황을 촬영한 미군 사진병이 있다. 10군단 배속 226통신대 사진병 헬름스D. Helms 병장이다. 그는 대동강 철교에 매달린 피란민들(《사진 2》)과 "얼음같이 찬 대동강을 맨발로 건너는 피란민들"을 여러 장 찍었다.

사진 설명이 매우 흥미롭다. 용산 전쟁기념관에 깔려 있는 반공 자유 피란민의 월남 엑소더스 이야기의 출처인 셈이다. 사실 미군 사진병이 촬영한 대부분의 피란민 사진에는 이런 내용의 사진 설명이 많다.

똑같은 역사의 한 장면을 포착한 두 사진의 설명, 정반대로 사진 이미지를 읽고 수용하는 상황이 펼쳐졌다. 데스퍼는 전쟁의 비인간적 참상의 기록과 고발이라는 찬사를 받았지만, 헬름스 병장은 반공 자유의 엑소더스 신화를 포착했다.

어느 사진 설명이 깊이 가라앉아 있는 진실을 드러내고 있을까? 이 사진의 배경이 되는 12월 3일 유엔군의 평양 철수 상황을 들여다보면 그 편린을 엿볼 수 있다. 당시 평양에는 북쪽에서 내려온 피란민만 해도 약 20만 명이 있었다. 그러나 미 8군은 피란민 이동이 유엔군의 군사작전과 철수에 방해가 된다는 이유로 피란민과 평양 시민을 소개시키기

〈사진 3〉
"한 아이가 중공군을 피해
평양 대동강을 건너 달아나는 피란민 속에서 가족을 찾고 있다."
(1950. 12. 3).

위한 계획을 세우지 않았다. 한국군 역시 마찬가지였다. 김종원 평양지구 헌병사령관은 아예 소개와 피란 자체를 막았다. 그럼에도 불구하고 대동강 이남 지역의 주민은 후퇴하는 유엔군을 따라 피란을 떠났다. 대동강 철교는 반파된 채 끊어져 강을 건너기가 쉽지 않았지만, 12월 4, 5일 양일간 약 5만 명의 피란민들이 강을 건넜다 한다. 12월 5일부터 유엔군은 평양을 적성지대로 선포했고, 이후 강을 건너는 사람들을 적으로 간주해 폭격과 기총소사를 가했다.

## 피란 무대책으로 일관한 정부

이 난리통에 부모가 죽거나 또는 잃어버려서 생이별을 겪는 아이들이 많았다. 헬름스 병장은 대동강변에 피란민 인파 속에서 한 작은 여자아이를 포착한다(〈사진 3〉). 옷으로 꽁꽁 싸맨 아이의 표정을 한동안 응시하고 있다. 아이가 혼자가 되었다는 것을 시각화하려는 의도가 있었던 것일까? 아이 뒤에 있는 사진 속 피란민들이 흐릿하게 포착되어 있어 더욱 혼자된 아이의 시선에 자꾸 눈이 간다.

1951년으로 넘어가는 한겨울에도 미군(유엔군)은 1950년 여름 한국 정부와 미군의 피란민 인식과 대책을 다시 반복했다. 지금 상식으로는 이해가 되지 않겠지만, 한국 정부는 개전 초기 피란민 대책이 전무했다. 대전에서 녹음한 이승만 대통령의 육성 방송으로 서울 시민에게 가만히 있으라고 해놓고 6월 28일 새벽에 한강교를 폭파시켰다. 서울 시민을 소개하기는커녕 대부분 고스란히 넘겨주었다. 피란 무대책으로 일관

〈사진 4〉
"신원을 알 수 없는 미군 병사가
대전 함락을 피해 도망쳐온 한국인 여성을 돕기 위해 멈추었다."
(1950. 7. 21).

하던 한국 정부는 7월 10일에서야 피란민 분산에 관한 대책을 내놓았지만, 새빨간 색안경을 쓴 관리 대책이었다. 피란민 구호, 구제가 아니라 피란민 대열 속 적 '오열' 침투와 불순분자를 경계하라는 것이었다.

한국 정부가 이럴진대 미군의 피란민 인식과 대책은 더 말할 것도 없겠다. 인종주의적 시선이 더해졌고, 적에게 정신없이 깨지고 피아 식별이 어려워지자 '흰옷을 입은 피란민'을 적으로 적대하는 인식과 대책을 수립했다. 7월 25일 이후 미 8군 사령관 워커 중장은 "어떤 피란민도 전선을 통과시키지 말라"는 지시를 하달하면서 피란민에 대한 무력 사용을 승인했다.

〈사진 4〉는 당시 미군의 피란민 인식, 즉 적이 흰옷을 입고 변장해 아군의 후방으로 침투할 것이라는 생각을 잘 드러낸다. 이 사진은 1950년 7월 21일 롱Long 병장이 촬영했다.

"한국인 여성을 돕"는다는 롱 병장의 사진 설명과 달리 미군 병사의 총구가 아이를 업은 여성의 봇짐을 향해 있고, 무언가를 지시하고 있는 것처럼 보인다. 그 뒤에서 한 병사가 젊은 남성을 꼼꼼하게 검색하고 있다. 무기 등이 은닉되어 있는지 확인하고 있다. 전형적인 피란민 가족의 모습이지만, 미군은 이들이 후방을 침투하는 적일 가능성을 배제하지 않았다. 실제 7월 19일 25사단 작전 부참모관실은 "적이 여성과 아이를 동반해 아군의 후방을 침투하기 때문에 전투 지역에 있는 모든 한국인을 적으로 간주하고 '적절한 행동'을 해야 한다"고 보고하기도 했다. 이에 25사단장 킨W. B. Kean 소장은 전투 지역 내 모든 민간인을 적으로 간주하여 사살하라는 지시를 했다.

<사진 5>
"북한군을 피해 달아난 한국인 민간인들이
영산 근처 빨치산의 야간공격으로 학살되었다."
(1950. 8. 25).

# 노근리 피란민 학살의 원죄

영동군 노근리에서의 피란민 학살은 이런 배경에서 발생했다. 미군은 작전 지역 내 피란민들을 검문소까지 통제된 이동으로 소개한답시고 사람들을 마을에서 전쟁터 한복판으로 끌어냈다. 그 직후 미군은 사라졌고, 남겨진 피란민들은 황간을 향해 남쪽으로 이동했다. 도중에 피란민들은 미군 전투기의 공격을 받았고, 북한군과의 전투에서 정신없이 깨진 7기병연대 소속 병사들을 만났다. 곧 노근리 쌍굴 다리 밑에 피신한 피란민들을 상대로 무차별적으로 발포했고, 학살했다.

피란민에 대한 사살 지시와 발포는 1949년 전시 민간인 보호에 대한 제네바협약은 물론 통례의 전쟁법을 위반한 것이다. 피란민들은 동맹국 국민이었고, 비전투원인 민간인이었다. 이것이 심각한 문제임을 당시 미군이 인지하고 있었다는 증거가 있다. 7월 25일 미 5공군의 대구 전방지휘본부 작전참모부장 로저스C. Rogers 대령은 5공군 사령관 팀버레이크E. L. Timberlake 준장에게 '민간인, 피란민 기총공격에 대한 정책'이라는 메모를 보냈다. "육군이 아군 위치로 접근하는 모든 민간인, 피란민들을 향해 기총소사할 것을 공군에 요청했고, 지금까지 공군은 이 요청에 응했다"고 보고하면서 "이 문제는 미 공군과 미국 정부를 곤혹스럽게 할 소지가 크기 때문에 북한군이 피란민 행렬에 포함되어 있거나 피란민이 적대행위를 했다는 명확한 증거가 없는 한 피란민에 대한 공중 공격을 금지하는 정책을 수립할 것"을 제안하고 있다.

〈사진 5〉는 낙동강 전선 영산 근처에서 좁은 길을 따라 피란민들이 학살되어 있는 장면을 잉그램Ingram 상병이 포착한 것이다. 그의 사진

설명대로라면, 피란민은 한국 정부, 미군(유엔군)뿐 아니라 북한군(빨치산)의 공격에 의해서도 죽임을 당하거나 큰 피해를 입었다. 사진 왼쪽 상단에서 알 수 있듯이, 이러한 죽음에도 아랑곳하지 않고 살아남은 피란민들은 '살 길'을 찾아 계속 이동했다.

전쟁 동안 피란민은 국가로부터 보호받기는커녕 '버림받은 국민'과 '비국민'의 경계에 놓여 있었다. 가만히 있으라는 대통령의 말에 피란 가지 않았던 사람들은 3개월 동안 적 치하에 있었고, '역도들을 도운 자'(부역자)라는 천형이 내려졌다. 적을 피해 피란했던 사람들이라고 크게 처지가 달라지지는 않았다. 피란민들 속 '오열', 불순분자, 흰옷을 입고 변장한 적이 아님을 입증해야 했다. 그렇지 못하면 '골'로 갔다. 미군 전선에는 얼씬도 거리지 말아야 했다. 미군은 '살 길' 찾아 이동 제한을 위반했던 피란민들에게 하늘과 땅에서 무차별 발포했다.

서울 한복판에 있는 용산 전쟁기념관 곳곳에 새겨져 있는 자유 피란민 서사, 즉 반공 자유를 찾아 공산당 마굴에서 탈출한 이야기를 '우리'는 어떻게 넘어설 것인가?

황석영의 소설 《손님》(2001)은 황해도 신천 지역에서 벌어진 '피의 보복' 학살을 배경으로 한다. 이에 대한 남쪽과 북쪽의 기억은 엇갈린다. 한국에서는 '10·13반공의거', 북한에서는 '신천 대학살'이다. 황석영이야 소설가니 '기독교'와 '사회주의'라는 두 '손님마마'에 걸린 동족 학살의 비극으로 이야기를 풀어갈 수 있었다. 그는 북쪽에선 선전으로, 남쪽에선 신화로 점철된 '황해도 신천사건'의 진실을 재조명하기 위해 픽션이란 형식을 빌렸지만, 논픽션 다큐를 넘나드는 것 같았다. 과연 이 사건은 선전이나 신화가 아닌 역사가 될 수 있을까?

연구가 없는 건 아니다. 이 사건에 대한 남북한의 통설을 실증적으로 검토하고, 이 지역을 점령한 미군 자료들을 검토한 결과 '10·13반공의거'와 '신천 대학살'이 연속되는 사건이었음을 논의하는 한모니까의 연구[3]가 특히 인상에 남는다.

국군과 유엔군의 38선 '돌파' 후 북쪽 지역에선 무슨 일이 벌어졌나? 인천상륙작전의 성공과 북진 소식이 전해지자 숨죽여왔던 북쪽의 반공인사, 청년, 학생들과 기독교인들 사이에는 "강한 설렘이 일었다" 한다. 해방에 대한 기대가 커졌다. 그냥 앉아서 맞이하지 않고, 만세시위 및

'봉기'를 준비했다.


## 남북 정부가 돌아가며 민간인 학살

북한 당국이 어떻게 대응했을지 충분히 예상된다. 전쟁 초기 남쪽에서 한국 군경이 그랬듯이, 북쪽에선 북한 정치보위부와 내무서 등이 반공 우익 인사와 기독교인들을 분류해 예비검속했다. 목사와 신부, 수녀도 포함되었다. 만세시위나 봉기가 벌어지기 전 북한 당국은 예비검속자들을 '반동분자'로 처리하고 학살했다. 황해도 신천의 경우에는 반대 상황이 벌어졌다. 반공 봉기가 성공했다. 반공 치안대가 북한 당국의 관계자들, 심지어 그 가족들을 선제적으로 학살하거나 구금했다. 그 후 쌍방에서 '피의 보복'이 대량으로 벌어졌다. 반공 치안대에만 맡겨진 채점령 행정과 치안의 공백이 두드러졌던 일부 북쪽 지역은 총이 법이 되었고, 공포와 보복이 반복되었다.

중국인민지원군(이하 중공군)의 참전으로 전세가 변화하자 사태가 극단으로 치달았다. 후퇴 전 반공 치안대에 의한 '빨갱이' 학살 광풍이 몰아치더니 곧이어 북한에 의한 '반동분자' 학살이 대량으로 벌어졌다. 한국전쟁 연구로 세계적 석학이 된 브루스 커밍스는 "김일성조차 남한과 협력했다고 의심받은 자들을 겨냥한 보복이 과도했다고 비난"[4]했다는 문서를 확인했다. 실제 1950년 11월 23일 하달된 북한 내무성의 명령, 적 앞에서 그들을 환영하는 반동분자는 즉결처분할 수 있다는 명령은 불난 곳에 기름을 부은 격이었다.

황해도에서만 그랬을까? 동북쪽 함경도라고 다를 리 없다. 미군의 전쟁범죄조사단 자료에 따르면, 함경남도에선 10월에만 538명, 함경북도에선 10월과 12월에 434명이 학살되었다. 미군이 조사한, 북한 지역에서 북한 당국이 저지른 북한 주민 학살에 대한 조사로 국한해도 그렇다. 이건 최소치다. 쌍방의 보복 학살이 꼬리를 물면서 대량 참극으로 귀결된 만큼 대량 학살 수치는 한참 상회한다. 같은 시기(9월 말부터 12월까지) 이승만 정부의 서울 '환도' 후 거의 모든 남한의 '수복' 지역에도 부역(혐의)자 학살의 광풍이 있었음을 생각하면, 1950년 가을과 겨울 남북 정부에 의해 한반도 전체가 피로 물들었다 해도 과언이 아니다.

〈사진 1〉은 10월 19일 원슬로 중위가 함흥 지역의 굴속에서 학살된 '정치범' 시신 300여 구를 포착하고 있는 여러 장의 사진 중 하나다. 인민군이 굴 입구를 막아 그들을 질식시켰다 한다. 〈사진 1〉은 원경 구도로 찍었지만, 다른 사진들은 점차 클로즈업하는 방식으로 포착한다. 늘어놓인 시신들과 이를 확인하며 비통해하는 친지들의 표정 사이를 응시하는 촬영자의 공감 어린 시선이 느껴진다.

인민군과 함께 북한 당국은 후퇴하고, 함흥에는 시신과 함께 주민들이 남겨졌다. 주민들은 국군과 미군을 열광적으로 환영했다. 반공 기독교 인사들은 말할 것도 없고, 반공 기독교와 거리가 먼 주민들도 살아남기 위해 시민 환영 대회에서 만세를 선창하고 태극기 흔들며 춤추고 노래했다. 그렇게 자신을 입증해야 했다. "아낙네들, 여학생, 노인과 아이들"이 왜 없었겠나? 11월 22일 이승만 대통령의 함흥 방문 때 만세 소리는 절정에 달했다. 주민들도 그렇게 국군과 미군이 두만강, 압록강까지 밀어 올라가 전쟁이 끝날 거라 생각하지 않았을까? 그러나 전세가

〈사진 1〉
"함흥 지역의 굴속에서 학살된 300명의
'정치범'들의 신원을 친지, 친구들이 확인하고 있다".
(1950. 10. 19).

완전히 뒤바뀌자 대다수 주민들은 고향 땅에 남아 있을 수 없게 되었다. 살아남기 위해 한 만세 행동은 북한 당국에 의해 반동분자로 즉결처형되는 짓이었기 때문이다.

## 반공도 철수도 생존이었다

반공 기독교 인사들이 "자유의 땅"으로 피란가기 위해 흥남부두로 몰려들었다. 또한 보복(학살)에 대한 두려움으로 생존을 위해 1950년 끝자락의 혹한을 감내한 피란민 가족들도 많았다. 〈사진 2〉는 철로를 따라 흥남부두로 서둘러 달려가는 피란민 가족들을 포착했다. 머리에 봇짐을 메고 손에 가재도구들을 들고 달리는 여성을 따라 아이가 아이를 업거나 손을 잡고 뒤를 따라 달리고 있다. 이와 대조적으로 근처 미군들은 한가롭게 이를 지켜보고 있다. 이 영상이 언제 촬영되었는지 날짜 기록이 없는데, 승선을 기다리는 3만 명의 피란민들을 촬영했던 12월 18일 이후가 아닐까 추정한다.

그러나 이게 전부가 아니었다. 피란가지 않고 고향 땅에 남아 "공산통치" 아래의 북한 주민으로 살게 되면 생존을 위협받는 또 다른 결정적인 요소가 있었다. 바로 미군의 폭격이었다.

"눈밭 위에 쏟아지는 불의 비." 당시 '북폭'이 얼마나 파괴적이었는지 단적으로 보여주는 표현이다. 하늘에서 소이탄과 네이팜탄이 퍼부어졌다. 북한의 전쟁피해 조사를 위해 파견된 국제민주여성연맹 조사단(유럽, 미주, 아시아, 아프리카 18개국을 대표하는 20명의 대표와 1명의 참관인으로 구성. 단장은 캐나다 국적의 노라 로드Nora Rodd)이 목격한 장면은 그 결과 펼쳐진 광경이었다.

《폭격》(2013)의 저자 김태우에 따르면, 1950년 11월 5일 유엔군 총사령관 맥아더 장군은 북한의 모든 도시와 농촌 마을을 군사 목표로 간주하는 '초토화작전'을 지시했다. 극동공군 제5공군 소속 경폭기와 전폭기는 "은신처를 제공할 수 있는 모든 건물을 포함한 여타 목표물들을 파괴"하기 위해 소이탄과 네이팜탄을 지상으로 쏟아부었다. 인화성이 매

〈사진 2〉
미군이 촬영 편집한 '흥남 소개'의 한 장면.
111-ADC-8611.

우 강한 소이탄을 쏟아부은 후 불을 끄기 위해 밖으로 나온 사람들을 저 공비행 기총소사로 조직적으로 사살했다[5]는 대목에서는 침이 삼켜지지 않았다. 기밀 해제된 방대한 미 공군 자료를 가지고 꼼꼼하고 신중하게 실증적으로 사실의 조각들을 맞춰가며 구성한 논의였다. 믿겨지지 않았지만 믿지 않을 수 없었다.

초토화작전은 미군의 후퇴와 함께 점차 북한 전역으로 확대되었다. 농촌 지역의 소규모 마을과 산간 지역의 고립된 집들까지 소이탄 폭격의 대상으로 간주되었다. 전폭기 편대들은 적절한 목표물을 발견하지 못하면 해당 구역 내 마을과 도시를 무차별적으로 공격했다. 민간인 거주 지역은 훌륭한 공격 목표였다. 탑재한 무기를 모두 소진할 수 있는 좋은 목표물로 인식되었다. 김태우는 미 공군 문서에는 '공격하다attack'나 '폭격하다bomb' 같은 단어보다 '소진하다expend, use up' 같은 표현이 자주 사용되었다고 말한다.[6]


## 미군 북폭, 민간인도 교회당도 가리지 않아

기독교인들의 경우 폭격이 시작되었을 때 교회당 가까운 곳으로 대피했다고 한다. 미국인들이 교회당은 파괴하지 않으리라는 기대 때문이었다. 그러나 소이탄은 교회당을 피해가지 않았다. "높은 고공에서 투하된 소이탄은 가공할 만한 불의 바다를 지상에 만들어냈고 그 불의 바다 속에서 수많은 사람들이 극심한 고통 속에서 죽거나 다쳤다. 북한 주민들은 자신의 머리 위를 비행하는 폭격기를 바라보며 '생존'이라는 문

〈사진 3〉

미군이 촬영 편집한 '흥남 소개'에서
흥남부두가 폭파되는 한 장면.

제에 절실하게 매달려야만 했다. 살아남는 것만이 최대 목표가 되었다. 전쟁 동안 북한에서 전선 '후방 지역'은 존재하지 않았다."[7]

1950년 겨울 북한 주민들의 가장 적극적인 생존 방책 중 하나는 피란이었다. 북한 전역에서 피란민이 대량 남하했다. 적지 않은 국내외 연구자들이 그 배경으로 미 공군의 무차별 폭격을 들고 있다. "민간인들이 안전하다고 느낄 수 있는 유일한 장소는 폭격을 하는 쪽의 뒤편뿐"이라는 말은 참 많은 것을 시사해준다. 심지어 미국의 원자폭탄 투하 소문이 퍼지면서 피란길에 올랐다는 증언도 여럿 있다. 11월 30일 트루먼 대통령은 공식 기자회견에서 원폭 사용 가능성을 언급했고, 12월 9일 맥아더 장군도 핵무기 사용에 대한 자유재량권을 요구했다는 사실이 확인된다. 반공 우익 청년단 등을 통해 북한 주민들에게 거의 실시간으로 원폭 투하 소문이 돌았다. 이렇게 볼 때, 미군과 국군의 흥남 철수 때 부두로 몰려들었던 20만 명의 피란민들 속에는 "공산 마굴"을 피해 "자유의 땅"으로 가는 반공 기독교 성향의 주민이나 '자유 피란민'들뿐 아니라 남북의 보복 학살의 틈바구니에서, 처참한 불의 바다를 만드는 쪽의 뒤편에 가고자 했던 피란민들이 다수 있었다고 봐야 한다.

북폭의 책임자인 극동공군 사령관 스트레이트마이어G. E. Stratemeyer와 제5공군 사령관 패트리지E. E. Partridge 장군은 12월 20일 평양을 포함해 원산, 함흥, 흥남을 완전히 소각해야 한다는 결론을 내렸다. 평양, 원산, 함흥은 이미 적의 수중에 넘어갔고, 흥남에서는 국군 철수가 완료되었으며, 미군 제10군단, 7사단, 3사단이 철수하고 있었다. 부두와 그 인근에는 민간인 피란민들이 가득했다. 12월 23일에만 LST 2척과 상선 3척으로 약 5만 명의 피란민이 승선했다는 추정이 있다. 다음 날

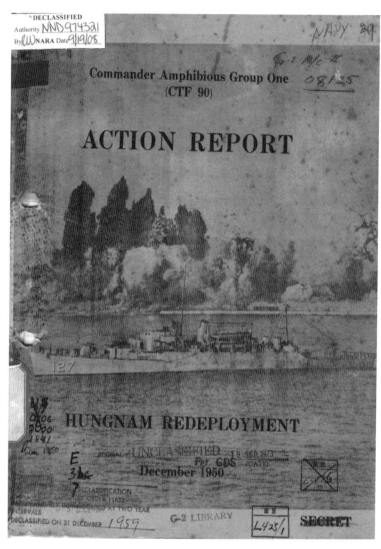

Commander Amphibious Group One
(CTF 90)

# ACTION REPORT

## HUNGNAM REDEPLOYMENT

December 1950

G-2 LIBRARY

SECRET

〈사진 4〉
홍남철수에 대한 작전평가 보고서 표지.
(1951. 1. 21).

까지 피란 승선은 계속되었지만, 9만1,000~8,000명이 배에 올랐고, 나머지 10만여 명은 부두에 남겨졌다.

12월 24일 오후 2시 10분 홍남부두 폭파 명령이 내려졌다. 미리 설치되었던 폭탄들이 터지고, 항공 및 함포 사격이 이어지면서 부두와 그 인근은 엄청난 화염에 휩싸였다. 〈사진 3〉은 그 장면을 포착했다.

국군과 미군의 공식 전사는 거기에서 끝난다. 홍남 철수 직후에 작성된 미군의 철수작전 평가 보고서에서도 마찬가지다(〈사진 4〉). 피란민들을 태우기 위해 싣지 못했던, 또는 내려졌던 탄약, 얼어붙은 다이너마이트, 투하용 폭탄, 유류의 수치가 나열되며, 이것들도 "폭파와 함께 파괴되었다"로 끝난다. 정말 그런가?

난 부두에 남겨졌던 10만여 명의 피란민들의 상황이 궁금했다. 당시 홍남 철수 때 종군했던 프랑스인 기자의 기록은 공식 전사의 사각에서 가려진 그들의 존재를 다음과 같이 포착한다.

그곳을 떠나려 했던 사람들, 버림받았다는 감정만이 아니라 군대가 칠 수밖에 없던 장벽에 막혀 붉은 군대에 넘겨졌다는 감정을 갖게 될 사람들이 그 체제에 어떤 태도를 취하게 될까?[8]

엄청난 폭파와 불기둥의 소용돌이에서도 생존한, 그러나 버려진 피란민들은 "자유진영"에 대해 어떤 감정과 태도를 갖게 되었을까? 전쟁 내내 계속되는 미군의 대량 북폭을 견뎌내면서 어떤 마음을 가지게 되었을까?

홍남 철수의 주인공이 진정 민간인 피란민들이라면, 이제는 반공과 자유 이념으로 채색된 그림 뒤에 미증유의 대량 폭력 앞에서 살아남고자 했고 어디서든 삶을 이어갔던 민간인들의 분투기들에 주목해야 한다.

4부
몸과 마음을 어떻게 동원했나

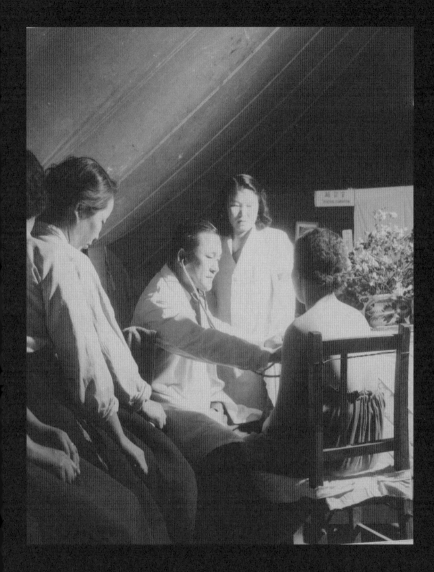

# ⫶⫶ 전쟁고아와 반공자유주의 가족의 탄생

추상미 감독의 〈폴란드로 간 아이들〉(2018)이란 영화가 있다. 영화 앞부분에 북한 '꽃제비'(먹을 것을 찾아 떠돌아다니는 아이) 영상을 보는 '엄마'로서의 추상미가 나온다. 이 장면은 감독과의 대화에서 다시 화제가 되었다. 꽃제비 영상을 본 것이 계기가 되어 한국전쟁 시기 북한의 전쟁고아로 관심이 확장되었다 한다.

## 가족 이미지로 체화된 혈맹

북한의 전쟁고아가 전시에, 전후에도 사회주의 국제연대의 일환으로 '사회주의 형제국'들에 위탁 양육으로 보내졌다는 사실은 들어 알고 있었다. 그러나 1951년부터 1959년까지 폴란드, 루마니아, 헝가리, 동독, 체코슬로바키아, 불가리아 등지로 1만 명 넘는 고아들이 보내졌다가 돌아온 사실은 잘 몰랐다. 고아들과 양육 관계자들의 드라마틱한 사연이 넘쳐날 것이다. 전쟁고아를 매개로 보니 사회주의 진영의 '형제'라는 가족 메타포(은유)도 새롭게 느껴진다. 폴란드 사례를 보니 부모 잃은 전쟁고아들에게 진심을 다한 푸른 눈의 양육자들은 사실상 새 부모나 마찬가지였을 거다. 북한의 귀국 명령으로 그 부모와 또 헤어지는 건 고아들의 생애에 또 다른 '이산離散'이 새겨지는 건 아니었을까?

생경한 '꽃제비'란 단어에도 관심이 갔다. 찾아보니 어원에 대한 여러 추정들이 있었는데, 내겐 '부랑아'란 의미로 다가왔다. 추상미 감독은 1990년대 북한 식량난 이후 대량 발생한 부랑아의 모습에서 북한 전쟁고아의 흔적을 직관한 셈이다. 그날 집에 돌아와서 늦게까지 사진 폴더를 들여다봤다. 《한국전쟁 사진의 역사사회학》(2016)이란 책에 쓰려고 모아두었지만, 결국 제대로 다루지 못하고 다음 숙제로 미뤄둔 한국전쟁 고아 사진들과 관련 기록들이었다.

사진 속 피사체로 포착된 아이들. '고아'일까? '미아'(부모와 헤어진 아이들)나 '기아'(생활고로 부모가 버린 아이들)일까? 기록을 보면, '전쟁고아', '부랑고아', '요구호 아동' 등 다양한 이름들이 나열돼 있다. 아이들 얼굴만 보면 참 복잡한 생각과 감정이 오가지만, 사진 속 구도와 배치에서 '전쟁고아'들을 포착하는 시선의 의도는 너무 단순해서 단번에 간파할 수 있다. 한마디로 하면, 미군(또는 유엔군이나 '자유진영')의 '반공인도주의'적 구원을 전시하고 있다. 전쟁고아는 "공산 악마의 침략을 심판하고 한국을 군사적으로 구원하러 온 '하나님의 십자군' 미군의 인도주의적 구호와 원조를 확인하는 피사체로서 포착된다. 어디 이게 미군 사진병의 사진뿐이었을까? 당시 보도사진과 기사, '삐라'(전단) 등을 통해 이런 시각적 이미지는 양산되었고, 지금까지도 각종 전쟁 사진집과 사진전 등을 통해 재생산된다.

흥미로운 건 전쟁고아에 대한 구원의 손길을 재현하는 방식으로 가족

이미지를 강력히 차용했다는 사실이다. 부모를 잃었지만(더구나 공산 악마의 침략과 파괴·학살로), 미(국)군이 고아들의 '새아버지'가 되어주면서 한미관계는 반공인도주의로 계약된 '혈맹'이 된다. 한국의 자리는 당연히 '보육'되어야 하는 '고아'다. 가끔 고아들의 어머니 자리로 젠더화되어 재현되기도 한다. 반공자유주의 가족의 탄생이다.

## 행복산고아원의 웃음

한국전쟁 때 고아가 얼마나 많았는지 여러 추정치들이 있지만, 5만여 명에서 17만여 명까지 분분하다. 1958년 보건사회부가 낸 통계에 따르면, 1953년 '육아시설'이 440개였고, 수용 아동이 5만 3,964명이었다. 연령대로 보면, 7~13세가 제일 많고, 다음으로 14세 이상, 6세 미만 순이었다. 전쟁고아가 모두 수용되기에 역부족이었으므로 실제로는 5만 4,000명을 훨씬 상회했을 것이다. 게다가 거리에서 생존을 이어갔던 '부랑(고)아'들도 많았다. 부모가 있든 없든 간에 사실상 부모 보호 밖에 방치된 셈이어서 전쟁고아의 문제로 연속해서 볼 수 있다.[1]

행콕Ronald L. Hancock 상병에게 포착된 〈사진 1〉 속 7명의 아이들은 서울 거리에 흔했던 부랑아 모습을 하고 있다. 행콕은 1950년 6월 28일부터 한국에서 사진 활동을 하면서 군과 전투뿐 아니라 전쟁의 일상을 보여주는 다양한 피사체를 인도주의적인 시선으로 포착하곤 했다.

'수복' 직후 서울은 곳곳이 폐허였고, 그 더미 사이사이에서 아이들이 기어나왔다. "흙투성이가 된 거무칙칙한 얼굴 속 하얀 이빨"에 맨발로

"유랑 걸식"하는 모습이 영락없는 거지꼴이었다. 아이들은 미군을 상대로 천진난만하게 웃으면서 깡통을 내밀거나 울면서 깡통을 본다. 그러면 미군은 먹을 것을 주거나 아이들을 어디론가 데려갔다. 당시 고아원, 보육원 관련 신문기사에서 보통 묘사되는 장면이다.

미군은 그렇게 데려간 고아들을 부대 마스코트로 삼고 간단한 통역, 심부름을 시키면서 부대 안에서 돌보거나 비공식적으로 입양하기도 했다. 공식적으로는 기존 육아시설을 후원·원조했는데, 육·해·공군과 해병대 모두가 마치 경쟁하듯 나섰다. 심지어 직접 시설을 세우고 한국인 원장과 직원을 고용해 간접 운영하기도 했다.

대표적인 곳 중 하나가 부산 아미동 산봉우리에 세워진 '행복산Happy Mountain'고아원이다. 이 시설은 미8군 배속 UNCACK(주한유엔민간원조사령부, 8201부대)의 부산 팀 장교인 맥키언Clifford G. Mckeon이 1950년 11월에 세웠다. UNCACK는 해외에서 들어오는 구호물자의 통로였고, 피란민과 전쟁고아의 식량, 위생, 집, 교육 등의 구호 활동을 한국 정부 및 지방 행정기관과 함께 집행하는 민사 관련 군 조직이었다. 게다가 부산 팀은 물자들이 들어오는 항만시설을 관할하는 제2병참사령부에 위치했다.

〈사진 2〉는 로그론G. Logrone 상병이 촬영한 시리즈 중 하나다. 그는 행복산으로 올라가는 계단들 아래 또는 옆 위치에서 아이들을 포착했다. 다른 사진을 보면 다리가 잘린 아이들이 목발을 하고 계단을 힘겹게 올라가는데, 그럼에도 로그론은 그게 행복한 상태임을 응시하려 했을까? 아이들은 하나같이 밝게 웃고 있다. 아이들도 악기를 즐겁게 연주하고 있다. 밝은 표정, 옷차림, 악기를 포착하는 것만으로 부족했을까?

<사진 2>
"부산 행복산고아원의 아이들은 전쟁의 부침으로 고아가 되었지만,
여전히 삶에서 기쁨을 구할 수 있었다."
(1951. 6. 11).

고아원 정문에 쓰여 있는 문구가 한눈에 들어온다. "다른 위대한 나라들처럼 한국의 미래는 오늘 아이들의 교육과 복지에 달려 있다!"


## "성스러운 그 이름" 맥키언 소령과 헤스 중령

1951년 8월 기준으로 이곳에 163명의 고아가 있었다. 그중 80여 명이 유아였다. 그 후 아이들이 급격히 늘어나 1952년 3월에는 650명이 되었다. 고아원의 운영 관리가 한국 정부 사회부로 이관되기 전까지 "맥키언 그룹의 동정"으로만 유지되었다. 맥키언 소령이 전역해 한국을 떠나게 되어 고아원을 마지막으로 방문했을 때, 아이들은 오직 그를 위해 배우고 익힌 송별가를 불렀다. 전쟁터에서 집도 타고 부모도 잃고 굶주리고 몸과 마음이 다쳤는데, "어린이의 아버지" 맥키언 소령이 "하늘보다 높은 덕 바다보다 넓은 사랑"으로 다 품어주었으니 "성스러운 그 이름" 영원히 기억되고 하나님의 영광을 받을 것이라는 내용이었다.[2] 맥키언과 송별한 바로 그 직후 고아원 운영 관리자가 고아들을 위한 구호양곡 258가마를 횡령하는 사건이 벌어졌으니 이와 대조적으로 고아들의 아버지 맥키언과 미군의 인도주의는 더 빛이 나게 되었다.

그보다 더 이름이 빛나는 고아들의 아버지가 있다. 그가 쓴 회고록이 바탕이 되어 1957년 미국에서 〈전송가Battle Hymn〉라는 영화가 만들어질 정도였다. 한국 공군의 아버지로도 평가받는 헤스Dean F. Hess다. 그는 '장난감 자동차 작전'으로 전쟁고아 1,000여 명을 제주도로 수송했고, 한국보육원을 세우고 후원했다.

전쟁고아 구출작전의 전개가 참 드라마틱하다. 서울 소개('1·4후퇴')를 앞두고 서울 시립고아원 아이들을 인천항에서 미군 수송선 LST에 태우고 제주도로 데려가 제6146 공군부대가 있는 K-40기지 근방에 있는 제주농업학교 건물을 확보해 수용하겠다는 작전이었다. 그러나 '흥남 철수'로 작전이 어그러졌다. 수송선 LST는 인천으로 오지 않았고, 아이들은 한겨울 인천항 부둣가에 버려졌다. 아이 7명이 곧바로 죽어나갔다.

그때 헤스 중령이 나섰다. 그는 제5공군 사령부에 수송기를 요청했다. 함경남도 흥남과 원산에서 대규모 철수가 진행되는 상황에서, 서울과 인천도 군작전의 우선순위에 따라 대량 소개가 진행되는 상황에서 전쟁고아 1,000여 명을 태울 비행기를 보내줄 리 만무했다. 그런데 "기적처럼 기도에 응답이 있었던" 것인지 C-54 수송기 15대가 날아왔다. 그것도 담요와 의약품을 충분히 가지고 공군 간호장교 등이 동승한 비행기였다. 1950년 12월 20일 전쟁고아 907명, 직원 100여 명 등 1,000여 명은 그렇게 제주도로 피란할 수 있었다.[3]

1951년 3월 헤스 중령은 프란체스카 리 여사의 추천을 받은 황온순을 원장으로 맞이했다. 황온순은 한국보육원이라는 간판을 내걸었고 여러 악조건을 이겨내며 전쟁고아 900여 명의 어머니가 되었다. 헤스 중령도 제주도 임무를 아예 한국 공군 조종사 훈련과 한국보육원 후원·원조로 설정할 정도로 온 힘을 쏟아부었다.

한국보육원의 고아들은 잘 먹고, 잘 입고, 아프지 않도록 치료받는 데 그치지 않고 잘 교육받았다. 아이들을 대상으로 '아동시市 헌법'을 만들어 민주주의 교육을 했고, 보이스카우트 활동과 브라스밴드를 운영했으며, 제주 지역사회와 연계한 다양한 활동을 했다. 제주도민들 사이에

서 한국보육원은 '유엔고아원'으로 명성이 자자했다.[4]

## 무자비한 파괴자와 선의의 구원자

〈사진 3〉은 미국과 일본의 제5공군으로부터 전달된 구호물자와 아이들을 위한 장난감 등이 비행기로 공수된 것을 아이들이 맞이하러 가는 모습이다. 여기저기서 보낸 선물을 받기 위해 이 많은 아이들이 직접 비행기 앞으로 갈 필요는 없었을 것이다. 이건 의도를 갖고 다분히 연출된 것으로 보인다. 사진 가운데 아이들을 안고 있는 여성이 바로 황온순 원장이다. 원장 뒤편에 비행기 안을 들여다보고 있는 뒷모습의 장교가 바로 헤스 중령이다. 이 사진 이미지의 수신자는 누구일까?

한국으로 구호·원조 물자와 돈을 보내주는 미국 등 자유진영의 시민들이다. 그리고 반공주의를 종교적 믿음으로 승화시킨 자유진영의 여러 종교단체(특히 기독교 복음주의 단체)와 신도들이다. 전쟁고아를 통해 가족의 이미지를 가져와 자유진영의 결속감을 꾀했다. 다시 말해 사진의 '기록'으로 그친 것이 아니라 전쟁고아를 통해 '적'의 만행을 생생히 고발하고 '우리'를 상상된 혈연관계로 결속시키는 사상심리전으로 발전했다.

〈사진 4〉가 바로 미 해병대가 운영하는 고아원에서 연출되는 여러 장면을 영화로 담는 모습을 포착하고 있다. 이렇게 제작된 영상은 유엔군, 미국, 자유진영의 여러 국가에 뉴스 영상으로, 영화의 자료 영상으로 활용됐다.

맥키언 소령, 헤스 중령, 많은 미군이 한국의 전쟁고아들에게 선의로

〈사진 3〉
"장난감이 제주에 있는 전쟁고아들을 행복하게 했다.
수백 개의 선물이 제5공군으로 계속 들어오고 있다."
(1951. 3).

〈사진 4〉
"미 해군 소속 카메라맨들이 한국 해군기지에서
전쟁고아들을 돌보는 해병대 고아원의 이야기, 〈고아원 운영〉을
촬영하기 위해 준비하고 있다."(1952. 8).

인도적인 구호 활동을 한 것은 분명하다. 그들은 여러 이유로, 때론 알수 없는 감정에 휩싸여 아이들을 진심으로 도우려 했고 아꼈다. 헤스의 말처럼 "주검을 수없이 목격했던 우리 장병들은 새로이 피어나는 생명들을 보살피고자 하는 강렬한 충동에 사로잡혀 이처럼 온정을 베풀게" 되었는지도 모른다.[5]

헤스가 유럽과 한국에서 수많은 전투 출격 횟수를 기록하는 동안 고아원과 피란민들을 오폭한 적이 있고, 이에 대한 양심의 가책으로 고아에게 특별한 관심과 배려를 베풀며 자신의 죄과를 용서받으려 했다는 글도 있다. 뭐가 되었든 난 고아들의 아버지로서 최선을 다했던 그 마음은 '숭고한 구원자'의 그것이라 생각한다. 다만 이젠 그 마음마저 전쟁고아를 활용한 미군의 사상심리전 프레임에서 어떻게 재현되었는지도 주목해야 하지 않을까?

난 그렇게 사상심리전으로 재현된 구원 이미지가 대량 파괴의 이면이자 사후적 수습이었다고 생각한다. 미군은 전쟁을 수행하면서 적군뿐만 아니라 비전투 지역에 대량으로 인적·물적 피해를 낳았고, 점령 후에는 민간 구호와 원조(작전)를 수행하는 모순적 상황을 연출했다. 이모순을 봉합하는 길은 하나였다. '적'에겐 무자비한 파괴자이지만, '우리'에겐 선의의 구원자라는 이미지를 창출하는 것이다.


## 파괴자이면서 구원자인

현실은 그렇게 봉합된 이미지보다 더 잔인하게 나타났다. 적과 우리를 가르는 경계가 톱질 전쟁으로 이동하는 전선만큼이나 요동쳤기 때문이다. 최전선에서 대량 폭격과 기총소사하는 헤스 중령에게도 그 상황은 비켜나가지 않았다. 예컨대 부서진 대동강 철교를 건너는 피란민, 특히 아이들을 순수한 우리라고 인식했지만, 아군의 최전선을 통과하려는 피란민과 아이들은 적 게릴라가 변장했을 수도 있다는 인식을 지우지 못했다. 그런 인식이 바로 수많은 '노근리 사건'들을 전국 곳곳에서 발생시켰다. 이런 맥락에서 미군을 숭고한 구원자로 재현하는 사진 속 시각은, '우리'를 파괴했던 사진 속 사각과 함께 살펴보아야 하지 않을까?

2019년 2월 25일부터 3월 20일까지 '기록 기억: 일본군 '위안부' 이야기, 다 듣지 못한 말들'이란 주제로 전시회가 열렸다. 2014년 여름 미미하게 시작했던 일이 큰 성과를 내며 창대하게 끝난 셈이다. 공문서·사진·영상 등 새로운 자료의 발굴과 수집, 연구자를 위한 학술 자료집과 일반 시민을 위한 대중서 발간, 그리고 전시회와 디지털 아카이브 구축 준비로 마침표를 찍게 되었으니 말이다.

일본군'위안부' 문제를 지난하지만 고통스럽게 대면하고 응답하는 데 제법 긴 시간과 온 열의·열정을 쏟았다. 자료들에 말을 걸고, 자료들이 말하는 이야기에 귀를 기울이며, 피해 여성들이 남긴 증언과 교차하며 전쟁에 성적으로 동원된 여성들의 여러 이야기들을 길어 올리려 했다. 그 이야기들은 결코 '강제 연행'의 증거나 민족 피해의 여성적 재현으로 환원되지 않는다.

전시회가 열리는 동안 특별 도슨트(전문 안내인)로 몇 차례 관람객에게 전시를 설명하면서 나는 오키나와로 끌려가고 버려졌던 배봉기의 삶과 이야기를 몇 번이나 곱씹었고, 전쟁의 일상과 일상의 전쟁에서 동원되고 살아야 했던 여성을 어떻게 기록하고 기억할 것인지 많은 고민을 했다.

# 전쟁이 끝나도 전쟁처럼 살아야 했던

잘 알려졌듯, 배봉기는 전쟁이 끝나도 오키나와에 남았다. 그건 배봉기의 선택이었지만, 가난과 '정조' 등의 이유로 돌아갈 수 없다는, 계급적·가부장제적인 구조의 구속이 내면화된 결과 나온 선택이었다. 사실상 강제로 남은 거로 봐야 한다. 배봉기는 민간인을 억류했던 수용소를 빠져나와 절망적으로 오키나와 여기저기를 떠돌아다녔다. 전전하며 술집에서 접대하고 식모로 일하는 등 그의 삶은 전쟁으로부터 벗어나지 못했다. 신경쇠약과 우울증을 평생 겪으며 트라우마적 삶에서 헤어나오지 못했다. "전쟁 때 총알 한 발로 죽었으면 이런 고생을 하지 않았을 텐데"라고 내뱉은 말은 전쟁이 끝났어도 전쟁 같은 삶의 고통과 고단함을 웅변한다.[7] "전쟁은 여자의 얼굴을 하지 않았다"는 말의 다층적인 의미는 이런 것이 아닐까?

한국으로 '귀환'한 '위안부'들은 어떤 삶을 살았을까? 고향에, 집에 돌아가 전쟁 없는 일상에서 행복하게 살았을까? 오키나와에 잔류한 배봉기의 삶과 완전히 달랐을까? 미국과 소련의 38선 분할(분단)점령과 군정, 정부 수립 전후의 내전, 한국전쟁으로 이어지는 전쟁과 일상에서 '귀환' 여성들은 일본군'위안부'로 겪었던 일들을 가족, 친지, 공동체에게 함구해야 했다. '정조'를 지키지 못한 죄와 수치심을 내면화해 자기를 부정하기도 했다. 무엇보다 배봉기처럼 전쟁에서 벗어나지 못했다. 오키나와의 군사기지는 한국전쟁의 전장과 연결되어 있었다. 오키나와에 잔류한 배봉기와 한국으로 귀환한 '위안부'의 전쟁 일상도 연결돼 있었다.

전쟁을 치르는 국가가 여성들에게 요구하는 역할은, 그게 일제든 한국이든, 변함없이 위안·위무·위문이었다. 각종 오락과 유흥은 물론 성(섹슈얼리티)의 제공을 포함했다. 여성사의 시각과 방법으로 한국전쟁을 연구한 이임하에 따르면, 한국전쟁은 남성 국민을 '병사형 주체'로, 여성 국민을 '위안형 주체'로 젠더화했다. 위안·위무·위문은 위안하는 주체의 계급에 따라 민간 외교의 활동으로 치장된 오락, 유흥, 성의 제공인지, 유엔군 위안소에서 은혜로운 미군의 노고에 감사하고 보답하는 유흥과 성의 제공인지의 차이가 있을 뿐이었다.[8]

김활란, 모윤숙, 임영신, 박마리아 같은 여성 지도자들은 여학생이나 대한여자청년단, 대한부인회의 젊은 여성들을 동원해 병사들을 위무·위문하기도 했지만, 그보다 주로 '파티 대행업'에 나서 유엔군 장교와 외교관 등 영향력 있는 남성들을 '위안'했다.


## 빅토리아하우스의 용도


1951년 계속되는 필승각 파티에는 이화여대 학생과 졸업생들이 동원됐다. 필승각은 일명 빅토리아하우스로 불렸다. 김활란은 사회부 장관 허정의 도움으로 필승각을 불하받아, 그곳에 미군 및 유엔군 고위 장교, 외교관, 한국 주재 외교관 등을 초대해 파티를 열었다. 노래와 무용이 곁들어지거나 여러 유형의 시중이 더해졌다. 모윤숙이 만든 낙랑클럽은 더 갔다. "낙랑 걸"들은 유엔군 고위급과 외교관들을 상대로 "국부國父" 이승만을 위한 로비와 정보 수집을 했고, "밤에 한복으로 곱게 차려 입고 불빛을 받으며 접대"했다. 이임하는 "성을 매개로 하여 열리는 파티, 한복을 곱게 차려 입고 시중을 드는 여학생들, 노래와 무용 등은 전형적인 이승만식 외교"였다고 평한다.[9]

〈사진 1〉은 이경모가 국방부 정훈국 사진대 문관을 그만두고 한국사진신문사 사진부장으로 활동할 때 찍은 것이다. 정통 르포르타주 형식이 두드러지는 이경모 사진답게 사진 속 구도와 피사체들이 저마다 이야기를 속삭이듯 말을 걸고 있다. 이기붕 국방장관 취임 축하를 위해 박마리아가 초대한 주한미국대사와 미 8군 수뇌부, 그리고 문밖에서 노래하는 여학생들을 포착하고 있다. 적산가옥을 개조한 것으로 보이는 국방장관 관사 안방에 이기붕의 아내 박마리아가 흰저고리 검정치마 차림으로 앉아 있고, 그 옆에 무초 대사와 콜트 미 8군 부사령관이 앉아 있다. 화각이 넓지 않아 얼굴이 보이지 않지만, 사진 왼쪽에는 이기붕 장관(시계를 찬 손목)과 양 옆으로 밴 플리트 미 8군 사령관과 김활란이 앉아 있다. 군과 외교의 최고위층 인사들이다. 안방에 신발을 신고, 게다가 발(군화)을 쭉 뻗은 자세를 보고 종속적인 한미관계를 절묘하게 포착했다는 해석을 둘러싸고 논쟁이 있었다. 그러나 난 적산가옥이 자아내는 (탈)식민주의적 장소성과 "여흥을 돋우기 위해" 문밖에 서서 팝송을 부르는 이화여대 학생들의 모습에 더 눈이 간다. 이를 두고 한미관계를 촉진한 민간 외교라고 보고 넘어갈 수 있을까? 분명한 건 김활란, 모윤숙, 박마리아 등 여성지도자들이 이승만 대통령의 지시로, 또는 스스로 청원해 학생들을 동원하는 것에 대해서 당시에도 사회적 시선과 여론이 곱지 않았다는 거다. 직접적인 성적 유흥을 제공했든 안 했든 말이다.

〈사진 1〉
부산 1951년 6월.
이경모 촬영(《격동기의 현장》, 121쪽).
ⓒ NB아카이브, 사진제공 눈빛출판사.

# 공창제 폐지해놓고 위안소 설치

그래도 이건 약과였다. 이승만 정부는 '공창제도 등 폐지령'(과도정부 법률 제7호, 1947년 11월 14일 공포, 1948년 2월 14일 시행)에 반하는 불법을 저질렀다. 아예 업자를 두고 유엔군 전용 위안소를 설치·운영하는 데 개입했다. 단지 유엔군의 노고에 감사 보답하기 위해서였겠는가? 박정미의 연구에 따르면, 여러 의도를 가지고 불법이지만 묵인·관리하는 방식으로 개입했다.[10] 정부가 내세운 건 전선 이동이 미미하고 주둔군 병사들이 급증하는 상황에서 군이 저지르는 성범죄(강간 등)로부터 "일반 여성의 정조를 보호하기 위한 방파제"로 삼기 위해 유엔군 위안소를 설치했다는 거다.

미군이 요청해서 한국 정부가 개입했다는 논의도 있다. 전쟁으로 생계 수단을 이어가기 위해 많은 여성들이 성을 팔았고, 돈과 물자가 있는 미군 주둔지 주변으로 여성들이 몰렸는데, 이에 현실적으로 성병 전염을 통제하고 "제5열(내부의 적)의 침투"를 막기 위해 미군이 한국 정부에 유엔군 전용 위안소 설치와 관리를 요청했다는 거다.

미군 등 유엔군 주둔 지역 주변 거리에 위안소가 들어섰다. 군부대 막사, 야산, 들판 가리지 않는 이동형 위안소도 있었던 것으로 보인다. 1950년 9~10월 등장하기 시작해 1951년 6월 전후 전선이 38선 부근에서 고착화되면서 본격적으로 늘어났다. 1953년이 되면 '필요악'이라 주장될 정도로 상설화됐고, 전국적으로 분포하면서 특정 지역의 격리 설치도 논의되기에 이른다.

흥미로운 건 이승만 정부가 불법임을 의식하고도 전쟁 상황이라는 특

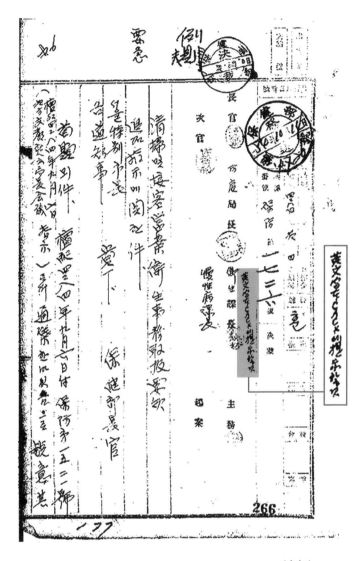

<사진 2>
'청소 및 접객영업 위생사무 취급요령 추가지시에 관한 건' 표지.
(한국 국가기록원 소장).

수성을 내세워 위안소를 설치하고 관리하기 위한 법적 근거로 행정명령을 지시했다는 것이다. 하위 명령이 상위 법률을 위반하는 성매매에 대한 묵인·관리였다. 박정미가 처음으로 밝힌 바에 따르면, 첫 사례는 1951년 10월 10일 보건부가 결재한 '청소 및 접객영업 위생사무 취급요령 추가 지시에 관한 건'(보건부 방역국 1726호)이다(〈사진 2〉). 이 지시에서 '위안부'는 "위안소에서 외군을 상대로 위안접객을 업으로 하는 부녀자"로 정의됐다.

이 지시는 위안소 신설과 영업 허가, 위안부 건강진단, 위안소와 위안부의 격리 등을 규정한다. 기타 준수 사항에 "이 영업은 6·25동란을 계기로 전쟁 수행에 수반된 특수 영업태이며 의법적 공무사업이 안이(아니)라는 것을 충분히 고려하여 취급할 것"이라고 명기한 것으로 보아, 정부 스스로도 법에 반하는 지시를 내렸음을 분명히 인지하고 있었다. 표지에 이 지시의 "영문 자료(를) CACK(UNCACK 지칭)에게 제시할 것"이라고 쓰인 것으로 볼 때, 그리고 지시 사항 중 "허가 신설은 주둔군 당국의 요청에 의할 것"과 "건강진단을 취체(단속)하기 위하야 외군 헌병대에도 연락한다"는 내용으로 보아 미군이 군 전용 위안소를 승인하고 성병 관리 차원에서 한국인 여성의 몸을 위생·경찰의 시각과 방법으로 통제했음을 알 수 있다.

전후에 기지촌 성매매 집결지가 본격적으로 발달하고 성병에 걸린 미군 병사가 "컨택"(성병을 감염시켰을 것으로 의심되는 여성을 찍는 것을 의미)하면 "낙검자 수용소"로 끌려가 성병이 치료돼 나오거나 죽어서 나왔다는, 이를 두고 "토벌당한다"고 표현했던 미군'위안부'의 말은 그 자체로 국가폭력, 국가범죄가 여성의 몸에 자행되었음을 드러내준다.[11]

"미 제3보병사단 민사구호소의 한국인 의사가
성매매 여성들을 진료하고 있다."
(1952. 5. 11).

〈사진 3〉은 사진병 크리잭Kryzak이 찍은 것으로, 한국인 의사가 성병 치료를 위해 미 제3보병사단에서 운영하는 민사구호소로 데리고 온 성매매 여성들을 진료하고 있는 모습을 포착했다. 구호소 막사 안 화사해 보이는 분위기와 대조적으로 검진을 기다리는 여성들의 표정은 어둡다. 이 사진은 당시 "대외비"로 분류돼 이용이 제한됐다.

## 일본군 경력자들의 발상

1952년 유엔 당국과 UNCACK의 지시로 한국 정부는 전국에 성병진료소를 설치해 건강진단서를 발급하고 성병 예방과 치료에 나섰다. 2월 20일 한 보도에 따르면, 보건장관은 전국에 약 40개의 성병진료소를 설치했고, 더 증설 중이라고 했다.[12] 당시 보건통계에 따르면, 1952년부터 성병 검진 연인원이 비약적으로 늘었고 건강을 회복한 연인원이 상당히 높은 비중을 차지했다. 성병 예방과 치료 대책이 성과를 거두었다는 말이다. 이승만 정부가 성병 관리를 거부하는 대상을 강력히 단속하고 처벌한 효과도 작용했을까? '위안부'들은 밀정이나 제5열분자로 의심받고 단속되기도 했다. 인도주의적 의료 구호로 보이는 성병 예방조치에는 사실 성병을 유발하고 옮기는 존재, 즉 위생적 차원의 '불순분자'가 있고, 이들을 위생 처리해야 한다는 인식이 전제돼 있었다. 성병으로부터 미군과 유엔군의 신체를 보호하는 보건위생 조치가 제5열 침투를 통한 공산주의 전염을 차단하고 유엔군과 자유세계를 수호한다는 담론과 연결돼 있었다.

이 정도 얘기했으니 한국군이 군 위안소를 설치, 운영했다는 항간의 이야기가 생뚱맞다고 치부하지 말길 바란다. 《그곳에 한국군 위안부가 있었다》(2019)의 저자 김귀옥 교수는 2000년대 초반부터 육군본부가 1956년 출간한 《6·25사변 후방전사(인사편)》에서 관련 내용을 발견했고, 참전 장군과 병사 등의 회고·증언을 종합해 한국군 위안부와 특수 위안대의 존재를 주장했다. 현재까지 확인된 바로는 병사의 사기를 진작하고 전시 집단강간을 방지하며 성병을 예방하고 군사기밀 누설을 미연에 방지한다는 과거 일본군 경력이 있는 일부 간부들의 발상으로 특수 위안대를 직영으로 설치, 운영했다. 유엔군 위안소가 업자를 내세운 군 전용 위안소로 한국 정부와 미군이 설치 요청, 허가·취소 및 성병 관리와 처벌의 방식으로 개입했다면, 한국군 특수 위안소는 군이 직접 설치해 운영하고 '5종보급품'으로 '위안부'를 '조달'(동원)한 것이다. 부대마다 '조달' 방식은 달랐지만, 종삼(서울 종로3가) 등 사창가에서 여성들을 동원하거나 일부는 강간과 납치를 통해 '빨갱이' 여성 등을 강제 동원했다. 그 수가, 빈약한 자료와 회고를 종합하면, 최소 79명에서 최대 240명 정도로 추정된다. 또한 위안소를 이용한 병사가 1952년에만 연인원 20만 명이 넘은 것으로 기록돼 있다.


## 누가 포주인가


일본군'위안부' 제도가 한국전쟁으로 인해 부분적으로 소생했다. 그 제도를 떠올린 발상, 그 발상을 어떤 제지도 없이 실행한 한국군 수뇌부,

법 위반임을 의식하면서도 묵인·관리하겠다고 조처를 하고 나선 이승만 정부, 그리고 아시아·태평양전쟁, 일본 오키나와와 한국 점령에 이어 한국전쟁을 거치면서 군'위안부' 제도의 관리 방식에 동화된 미군, 그들은 전쟁에 동원된 여성들에게 '포주'의 위치와 다를 바 없었다고 하면 지나친 말일까? 전쟁의 일상, 일상의 전쟁에서 살아남아 살고자 한 인생 전체가 국가가 관여한 성폭력으로 얼룩진 '위안부' 여성의 삶을 우리는 어떻게 대면하고 기록 기억하며, 응답해야 할까?

1951년 7월 《빨갱이가 도시를 점령하다*The Reds Take a City*》(이하 《빨갱이 서울 점령》)란 소책자가 나왔다. 부제는 '목격자 이야기로 보는 공산주의자의 서울 점령'이다. 누가, 어떤 목적으로 출간했을까? 저자는 미국 일리노이대학교 부총장인 월버 슈람Wilbur Schramm 교수와 러트거스대학교 사회학과 학과장 존 라일리John W. Riley 교수다. 근데 책 제목과 달리 이들은 북한이 서울을 점령했을 때 그곳에 있지 않았다. 미국에 있었다. 어떻게 책 부제에 '목격자eyewitness'란 말이 붙을 수 있었을까?

## 소비에트 사회체제 연구자가 왜?

슈람과 라일리 교수가 서울에 온 것은 '수복' 후인 1950년 12월 9일이었다. 심리전 연구 프로젝트의 수행을 위해 한국에 현지조사하러 왔다. 이 프로젝트는 미 공군 산하 맥스웰 공군대학교 인적자원연구소HRRI의 의뢰로 시작되었고, 공군 참모총장 반덴버그 장군과 극동공군 사령관 스트레이트마이어 장군이 재가했다.

슈람 교수는 제2차 세계대전 때부터 전시정보국OWI에서 심리전을 연구해왔다. 정치학자 해럴드 라스웰, 사회학자 폴 라자스펠드와 함께 커뮤니케이션학자 슈람은 전후 미국 사회과학계를 이끌었던 중요 인사다. 라일리 교수도 나중에 근대화론으로 유명해진 대니얼 러너와 함께 육군 심리전부에서 심리전을 연구했고, 전후 러트거스대학으로 자리를 옮겨 연구를 계속했다. 면면을 보니 미국의 군과 학계를 잇는 거물들이 전쟁이 한창인 한국에 들어와 수행했던 프로젝트의 목적과 내용이 궁금해진다. 심지어 한국에 다녀간 지 반년 만에 저 소책자를 미국(러트거스대학 출판부)에서 출간했다.

이 주제와 관련해 집요하게 파고든 연구가 있다. 2017년 김일환·정준영의 〈한국전쟁의 '현장'은 어떻게 냉전 사회과학의 지식으로 전환되는가?〉와 김민환·옥창준의 〈냉전의 텍스트화, 텍스트의 냉전화〉가 나왔다.[13] 이 연구에 따르면, 슈람과 라일리 교수가 이끄는 연구 프로젝트의 목적은 '소비에트 사회체제' 연구다. 종전 후 세계는 미국 주도의 '자유진영'과 소련의 '공산진영'으로 양분되었고, 냉전이 적대적으로 전개됐다. 미국은 적인 '소비에트 사회체제'의 원리와 실상을 알고 싶었다. 차갑든 뜨겁든 전쟁에서 승리의 기본은 지피지기知彼知己 아니었던가?

소련을 빠져나오는 피란민들의 심문이나 인터뷰로는 감질났다. 그러던 차에 냉전의 주변부 한국에서 열전이 터졌고, 심지어 '톱질 전쟁' 양상으로 전개됐다. 서울이 공산군에 3개월 동안 점령되었다가, 유엔군은 다시 서울을 수복한 데 그치지 않고 평양을 점령했다. 미국으로선 평양과 서울의 현지 조사를 통해 '소비에트(화된) 체제'를 가늠할 기회가 생겼다. 인천상륙작전의 성공과 '38선 돌파' 후 미군 연구팀의 현지조사

계획이 세워졌는데, 서둘러 준비했지만, 중공군의 개입으로 다시 전선이 내려가는 게 문제였다. 연구팀이 서울에 도착한 12월 9일은 유엔군이 평양을 포기하고 서울도 다시 포기해야 하는 상황이었다.


## 처벌 광풍 속 '자기 증명 수기'들

슈람과 라일리 등은 1950년 여름 한강교 폭파로 피란을 갈 수가 없어 서울에 '잔류'했던 공무원과 지식인을 수십 명 인터뷰했다. 6~7일의 촉박한 기간이지만, 허탕은 아니었다. 11월 전후 미군도 공산주의의 만행을 선전하기 위한 기록들을 만들고 있던 차였다. '도강파'에 의한 부역자 처벌 광풍이 몰아치는 상황에서 잔류파 지식인·문화인은 자발적으로 역도에 협력하지 않았음을 자기 증명하려고 수기 묶음을 막 펴내려던 때다. 그 가운데 《고난의 90일》(11월 27일 출간)과 《나는 이렇게 살았다》(12월 1일 출간)가 슈람과 라일리 교수의 주목을 끌었던 것으로 보인다.

《빨갱이 서울 점령》은 바로 두 수기에서 3개월 동안의 "공산 지배의 만행과 참상"을 목격 체험한 각계각층 여러 직종의 지도층 인사 11명의 이야기를 뽑아서 각색한 것이다. 시인 모윤숙을 비롯해 고려대 총장 유진오, 검사 엄상섭, 국회의원 박순천, 기자 김영상, 배우 복혜숙, 교육자 황신덕, 김인영 목사 등이었다. 또 흥미로운 건 목격 체험담 사이사이에 슈람과 라일리 교수 등이 쓴 글이 편집됐다. 〈공산주의가 한국에 미친 영향에 대한 예비적 연구〉(1951)라는 보고서의 요약 글이었다. "북한 공산체제의 실상과 자유의 소중함"을 이야기하는 한국인들의 목격

체험을 더 보편적인 언어로 발신하기 위해 배치한 것으로 판단된다.

독자는 세계 시민이다. 좁게는 자유진영의 시민들에게 공산주의라는 '악의 축'의 만행을 생생하게 고발하면서 '우리'의 사기를 북돋우려 한 것이고, 넓게는 공산진영에도 너희의 만행을 똑똑히 봐라 하면서 '그들'의 사기를 떨어뜨리려 한 것이다. 더 구체적으로는 북한이 서울 점령 뒤 "소비에트 사회체제를 이식하는 과정에서 발생하는 긴장과 갈등을 포착해 적 사회체제의 취약지점을 판별하고, 이를 심리전 전략에 활용해 북한체제, 더 나아가 공산체제를 약화시킬 수 있는 방안을 모색"[14]하는 데 의도가 있었다.

〈사진 1〉은 HRRI 연구팀이 비행기에서 내리는 모습을 포착했다. 존 라일리 교수의 딸인 루시 샐리크가 소장했던 사진으로 누가 찍었는지는 알 수 없다. 사진 설명 정보가 없다. 다만 비행기에서 내리는 장면을 찍은 것으로 서울이라면 12월 9일이고, 부산이라면 12월 15일이다. 사진 속 4명의 한국인은 미국인 사회과학자들을 지원하던 이들로 보인다. 당시 한국인 협력자 25명이 통역과 정보 제공은 물론 인터뷰와 설문조사를 진행하고 분석하는 데 도움을 준 것으로 알려져 있다. 심리학, 사회학, 역사학, 정치학, 철학 등의 배경을 지닌 유학 경험을 가진 저명한 지식인들이었다. 고려대 총장 유진오, 국립박물관장 김재원, 서울대 심리학과 교수 이진숙, 서울대 철학과 교수 김두헌, 저명한 내과의이자 사회부 차관을 역임한 최창순 등이었다.

〈사진 2〉는 맥아더 총사령부의 사진부 소속 71통신대 A중대 영상팀이 모윤숙을 인터뷰하고 있는 장면을 스틸사진팀의 댄젤 상병이 찍은 것이다. 모윤숙은 적화삼삭赤化三朔(공산 치하 3개월)의 고난을 이야기했

*〈사진 1〉

한국에 현지조사하러 온 미 공군 인적자원연구소HRRI 연구팀.

(1950. 12. Lucy Sallick 소장 사진. 김일환 제공).

**〈사진 2〉

"시인 모윤숙이 유엔군이 서울 수복 전까지 서울 인근 야산에 숨어

어떻게 공산주의자를 피해 지냈는지를 말하고 있다."

(1950. 11. 8).

다. 이를 바탕으로 영상팀은 1950년 11월 6일과 7일 양일에 걸쳐 "모윤숙 공산주의를 피해 숨다"라는 푸티지 영상footage film을 촬영했는데, 모윤숙이 실제 주연을 맡아 재연했다. 현재 이 푸티지 영상과 함께 영상 시나리오상 쇼트 리스트가 스틸 사진 19장으로 남아 있다.[15] 《고난의 90일》의 〈나는 정말로 살아 있는가〉에서 나오는 모윤숙 이야기와 대동소이하다. 이 이야기는 《빨갱이 서울 점령》에서 〈비밀경찰이 추적하다〉라는 제목으로 번역 수록됐다.

〈사진 3〉도 모윤숙처럼 서울을 미처 빠져나가지 못해 잔류했다가 결국 "괴뢰집단에 자수하고 지지 성명을 발표"했던 한 국회의원을 미군 영상팀이 찍고 있는 모습이다. 이교선 의원이다. 그는 일제 식민시기 일본 릿교대학 상학과를 졸업했고, 미국 뉴욕대학에 유학을 갔다. 해방 후 그는 주한미군정에서 일했고, 군정이 끝나기 직전에 중앙물가행정처장을 지냈다. 그 경력으로 신생 대한민국 정부의 첫 기획처장에 발탁됐다(다음 날 사의를 표명해 처리됐다). 서울대학교 부총장을 지냈고, 1950년에는 제2대 국회의원이 되었다. 그러나 핵심 지도층 인사인 그도 끝내 한강을 건너지 못했다. 서울 수복 후 국회는 '도강'하지 못하고 북한에 자수하고 지지 성명을 발표한 21명의 의원을 심사 처단하자고 논의한다.[16] 여기에 이교선 의원도, 《빨갱이 서울 점령》에 나오는 박순천 의원도 포함되었다. 박순천처럼 이교선 의원에게도 "자수"와 "지지"에 대한 철저한 고백과 반성이 요구됐다.

《빨갱이 서울 점령》은 영어판 출간에 그치지 않고, 자유진영의 여러 지역과 국가에 번역 전파됐다. 1953년에 이탈리아어판과 중국어판이, 1957년에는 스페인어판과 포르투갈어판이 라틴아메리카에서 출판됐다.

〈사진 3〉

"맥아더 총사령부의 사진부 영상팀이 중앙청 건물 앞에서
공산주의에 대한 이교선의 이야기를 기록하고 있다. 이교선은 국회의원이다."

(1950. 11. 24).

몸과 마음을 어떻게 동원했나

〈사진 4〉는 이탈리아판 표지이다. 이탈리아는 프랑스와 함께 선거를 통한 공산당의 집권가능성이 높은 지역이었다. 이를 막기 위해 미국 중앙정보국CIA은 '악의 축' 소련의 만행을 선전하고 사회당과 공산당의 분열을 꾀하는 심리전을 전개했다. 특히 CIA의 문화냉전은 소비에트체제에 대한 진보적 지식인의 '환멸'을 증폭하는 방식을 취했다.[17] 《빨갱이 서울 점령》에 나오는 한국 지식인의 공산 점령과 지배의 만행의 목격과 체험은 이탈리아 상황에 안성맞춤이었다.

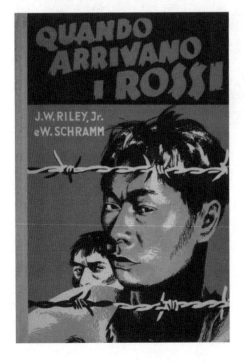

〈사진 4〉
《빨갱이가 도시를 점령하다》의
이탈리아판 표지《빨갱이가 왔을 때
*Quando arrivano I Rossi*》
(1953).

# 낙인에 대한 공포

"빨갱이가 판치는 세상"에 대한 공포의 원체험과 냉전적 지식이 한국에서 '자유세계'로 발신되었다. 냉전 공포의 원체험과 지식은 자유진영의 '상상적 공동체' 형성과 윤리·도덕, 그리고 정체성 내용의 주 재료가 되었다. 그런데 잊지 말아야 할 게 있다. 그 공포의 정체는 '빨갱이의 만행(또는 악행)'이 판치는 현실에서 기인하는 것만이 아니었다. 그보다는 빨갱이 '부역자'(국가에 반역이 되는 일에 동조나 가담한 자) 낙인에 대한 공포가 있었던 것으로 보인다. 빨갱이 점령으로 오염된 공간에 있던 사람들은 지위 고하를 막론하고 오염되지 않았음을 필사적으로 자기 증명하지 못하면, 물리적·사회적 죽음의 문턱으로 넘어설 수 있었기 때문이다. 사회과학의 외양으로 만들어지고 전 지구적으로 환류된 냉전적 지식의 커튼 뒤로 그런 공포가 가려져 있었다. 빨간(요즘은 핑크) 점퍼를 입은 '빨갱이 감별사'들이 서울 도심 한복판을 점령하고 "종북 좌파"를 부르짖고 선동하고 있는 지금이야말로 반드시 '적화삼식' 공포의 원체험을 성찰해야 한다. 우리는 2002년 서울 도심 골목골목에 울려 퍼진 '비 더 레즈Be the Reds' 구호와 '오 필승 코리아(한반도)' 함성의 기억을 강렬히 체득하고 있다. 이 구호와 함성이 새로운 맥락으로 종전과 탈분단 평화로 가는 길목에서 울려 퍼질 때 그 공포를 뒤로할 수 있지 않을까?

# ⊞ 반공만화는 어떻게 '반공시민'을 만들었나

《동순이와 순최》란 단편 만화책이 있다. 2016년 4월 19일 냉전아시아의 사상심리전에 대해 필자와 함께 연구했던 옥창준과 김민환은 국사편찬위원회에서 "The Reds takes a City"로 검색된 자료들을 확인하다가 이 만화책을 우연하게, 지금 생각해보면 운명적으로 조우했다.

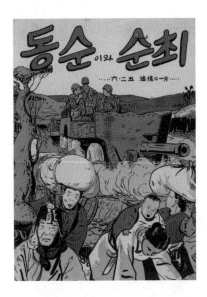

〈사진 1〉
《동순이와 순최》.
미 공보원 마닐라 극동지역제작센터.
1953년 7월 27일 발행.
(국사편찬위원회 소장).

# 한국어 반공 이야기가
# 영어로, 이게 다시 한국어 만화로

만화책 앞표지를 보고 참 낯설었다. 컬러풀한 표지에 "동순이와 순최"라는 빨간색 글씨가 도드라져 보여 '이게 뭐지' 싶었다. 설마 사람 이름? 주인공 이름일 거라곤 생각하지 못했다. 근데 뒤표지를 보니 영문 제목이 "The Reds takes a City" 아닌가? 만화를 보니 주인공은 한강교 폭파로 피란가지 못한 서울신문 기자 '김용상'이다.

월버 슈람·존 라일리 교수가 쓴《빨갱이가 도시를 점령하다》에 〈신문기자에게 어떤 일이 벌어졌나What happened to a Newspaperman〉란 글이 수록되어 있다. 이것은 1950년 12월 1일 을유문화사에 출판한《나는 이렇게 살았다》중 '김영상'이 쓴 〈사선 200미터〉를 각색한 글이다. 흥미로운 건《동순이와 순최》가 이 〈신문기자에게 어떤 일이 벌어졌나〉를 만화로 재각색했다는 거다. 그러니까 한국어로 서울에서 출판한 '적화삼삭'(공산치하 3개월)의 신문기자 버전 이야기가 영어로 번역돼 전 세계에 확산되었고, 이것이 다시 한국어 만화로 '문화 번역'돼 한국으로 돌아왔다는 말이다.

뒤표지를 보면, 1953년 7월 27일 필리핀 마닐라에서 5만 150부가 제작됐고, 그중 5만 부가 주한미공보원 부산지부로 들어왔다. 공교롭게도 한국전쟁 휴전협정 체결일이다. 만화 작가는 미상이다. 옥창준·김민환은 "만화가의 작화 방식이나 만화에 기록되어 있는 작가 서명 등을 고려할 때 마닐라 소재 극동지역제작센터(마닐라센터)에서 근무하는 미국인이나 필리핀인으로 추정"한다.[18] 마닐라센터는 미 공보원 상하이지부가 1949년 '중국 공산화' 이후 홍콩을 거쳐 마닐라로 옮겨온 것이다. 주로 필리핀과 홍콩, 타이완을 중심으로 싱가포르·말레이시아·인도네시아·인도차이나·타이·버마 등 동남아 지역의 화교를 대상으로 제작했는데, 그런 곳에서 한국전쟁기 '적화삼삭'이 배경인 한국어 만화가 만들어진 것은 참 흥미롭다. 연구가 밝힌 바에 따르면, 영어로 작성된 (만화) 텍스트 초본이 여러 국가의 미 공보원 지부에 배분되면, 각 지부에서는 해당 지역 언어로 그 초본을 번역한 것을 덧붙여 오프셋(평판인쇄) 틀을 마닐라센터로 보내고, 센터는 이를 통해 대량 인쇄해 다시 각국 미 공보원 지부로 발송했다는 거다.[19]

## '가족 위협' 빨갱이 서사, 만화로 실감 나게

만화의 줄거리는 대략 이렇다. 서울신문 기자로 피란을 가지 못해 숨어 지내고 있던 융상을 대신해 그의 딸 순최는 먹을 것을 사러 시장에 갔다 오는 길에 인민군들에게 붙들려 성희롱을 당한 뒤 도망치다가 약혼자 동순이를 만나 안전하게 귀가한다. 그 후 동순이는 서울을 탈출하다가 붙들려 의용군에 끌려가고, 민청원('빨갱이') 근호는 순최에게 구애하며 접근한다. 순최는 약혼자 동순이의 존재를 언급하며 거절하지만, 이에 대한 보복으로 근호는 순최의 아버지 융상을 '반동'으로 끌고 간다. 폭력적인 취조 끝에 융상은 기회를 잡기 위해 거짓 협력하기로 서약하지만, 구금됐다가 평양으로 끌려간다. 도중에 남한 유격대에 구출되는데, 유격대에는 인민군 의용군으로 끌려갔다가 탈출한 동순이 있었고,

융상과 동순은 유엔군의 서울 '수복' 작전이 전개되는 즈음에 집으로 '귀환'해, 순최가 근호에게 몹쓸 짓을 당하려는 순간 근호를 사살하고 순최를 구해낸다는 이야기다.

이런 서사는 한국뿐 아니라 냉전시기 동아시아에서 제작된 반공만화 서사에서 흔히 찾아볼 수 있다. "공산당이 혁명적 가치를 앞세워 가족을 해체한다는 것은 냉전의 초창기부터 공산주의를 공격하는 단골 소재"였고, 만화가 이를 실제 이야기처럼 각색하면서 이야기의 현실성이 더해졌다는 거다. 이 만화에서도 아버지(융상)와 딸(순최)의 관계로 표상되는 가족을 위협하는 존재가 빨갱이 근호다. 마지막에 근호를 죽이고 가족의 위기를 해결해주는 자식 세대의 남성도 반공주의자인 약혼자(예비 가부장) 동순이다. 우리에게 매우 익숙한 이 서사의 '토착성'을 두고 옥창준·김민환은 동아시아의 토착적 맥락에서 나온 거라고 논의한다. 마닐라센터가 반공 심리전에 활용했던 중국 공산화 이후 중국인 가족이 겪는 참상 이야기도 그랬다는 거다.[20]

그렇더라도 이 만화가 한국적 맥락을 강하게 투영하고 있는 건 부동의 사실 아닐까? 융상의 말만 봐도 그렇다. "내 자신이 목도한 바에 의하면 서울시에 '살도'(쇄도의 오기)해온 것은 북조선 인민군이었소!" "민주주의와 자유에 대한 확고한 신념을 갖고 굶어 죽으면 죽었지 이북 공산주의자들을 위하여 일하면 안 된다." 전쟁의 기원으로서 북한 공산주의의 '남침' 야욕과 만행을 강조하고 있다. 무엇보다 한강교 폭파로 어쩔 수 없이 서울에 잔류하게 돼 숨어 살았고, 공산주의자 '역도'에게 협력하면 절대 안 되지만, 기회를 엿보기 위해 거짓 협력하고 유엔군의 서울 '수복'을 열렬히 환영하고 이에 기여했다는, "부역자 색출" 광풍에서

〈사진 2〉
《공산 침략과 유엔의 응수》.
미 공보원. 1951년 6월 25일 발행.
(김현식 소장, 백정숙 제공).

살아남으려는 필사적인 자기 증명의 서사가 반영돼 있다. 빨갱이 '부역자' 낙인에 대한 공포 서사만큼은 '자유세계'를 돌고 돌아도 변형되지 않은 채 한국에 도착했다.

《공산 침략과 유엔의 응수》란 만화도 미 공보원이 14쪽짜리 소책자로 만들었다(〈사진 2〉). 《동순이와 순최》가 1953년 7월 27일 '휴전일'에 제작되었다면, 이 만화는 한국전쟁 개전 1주년을 기념해 만들어졌다. '만평'(한 칸 만화) 형식으로 각 만화에 설명 글이 달렸다. 소련 스탈린의 사주를 받은 김일성 정권의 '남침'을 분명히 고발하고, 그로 인한 학살과 파괴, 약탈, 강제 동원 등 공산주의 만행을 밝힌다. 대조적으로 유엔군의 세계평화를 위한 성전과 영웅적 면모, 압도적 군사력을 부각한다. 해골이 된 '북한 괴뢰정권과 군'의 모습과 스탈린이 마오쩌둥의 '중공 의용군'을 해골로 가득한 전쟁터로 몰아넣는 모습, 그리고 무기체계의 우수함과는 거리가 먼 '인해전술'의 재현 방식이 흥미롭다. 이 만화를 출판한 때는 유엔군이 중국의 춘계공세를 거듭 막아내면서 전선이 교착된 시기다. 그래서 분명한 결과를 보여주지 않고 있지만, 유엔군이 적을 단지 막아낸 것이 아니라 "섬멸"시켰다는 것을 강조하고 있다. '우리'의 사기를 고양시키기 위한 대내 심리전 만화다.

이 만화는 부산 삼미당에서 오프셋 방식으로 인쇄 제작됐는데, 몇 부가 제작됐는지 알 수 없다. 만화 작가도, 설명 글을 쓴 사람도 미상이다. 다만 백정숙의 연구에 따르면, 박광현이 부산 피란 시절 미 공보원 홍보요원으로 만화를 그렸다고 한다.[21]

당시 부산에는 이름 꽤나 날린 만화가들이 피란해 있었다. 중앙동에 있던 다방 밀다원(소설가 김동리의 〈밀다원의 시대〉가 유명하다)은 문인뿐 아니라 만화가 등 많은 문화인들이 드나들던 곳이었다. '코주부' 김용환, 웅초 김규택 등도 그랬다. 이들은 해방 후부터 탁월한 만화 그림과 제작으로 명성이 높았다. 다만 그 재능과 능력, 명성으로 인해 보통 사람들이 상상할 수 없는 삶을 겪어야 했다.


## 만화가들, 부역·반공 '반전의 반전' 활동

이들은 전쟁 전에는 국민보도연맹원으로 반공만화를 그렸다. 전쟁 직후에는 피란의 때를 놓쳐 북한군에 붙들렸고, 보도연맹원이기에 '반동'으로 몰릴 수도 있었지만, 가진 재능 덕분에 북한 선전물 화보와 포스터를 만드는 데 동원됐다. 이 때문에 서울 '수복' 후에는 부역자 혐의로 서대문형무소에 갇혔고, 또 '골로 갈 수도 있었지만, 살아남았고 또 가진 재능 덕분에 유엔군과 국군의 심리전 문관으로 선발됐다. 김용환은 "보도연맹 때의 안면으로" 중앙동 합동수사본부의 오제도 검사에게 인사하러 갔다가 육군본부 작전국 심리전과 이기건 대령에게 '픽업'되었다. 김규택도 도쿄 연합군 최고사령부 심리전과의 요청으로 부산에 와서 만화가를 구하던 김을한 서울신문 특파원을 만나게 되어 발탁됐다. 김규택은 1959년까지 《자유의 벗》의 만화 작가로 일했는데, 그 후임 작가로 김용환이 가게 되었던 것도 주목된다. 반전의 반전을 거듭한 그들의 삶을 보고 있으면, 자연스레 '인생사 새옹지마'란 말이 떠오른다.

김용환은 특무대 수사실에서 취조 받으며 경찰서 유치장과 형무소에서 미결 상태로 구금됐고, 문화인 동료들의 죽음까지 목도한다. 특히

〈사진 3〉

1951년 8사단 방문.

오른쪽이 김용환이고, 왼쪽으로 그 옆은 8사단 미 고문단 장교,

8사단 이세호 대령, 연합 기자 순이다.

(김용환, 《코주부 표랑기》, 1983, 9쪽).

유명 만화가인 임동은의 죽음은 김용환에게 충격적이었던 모양이다. 그는 그 대목을 회고하고 김규택 등의 예도 들어가며 공산 치하에서 역도들에게 자발적으로 협력한 '부역자附逆者'와 공산당이 강제로 노역에 동원해 마지못해 협력한 '부역자賦役者'를 구분해야 한다고 구구절절 설명한다.

## 만화, '자유세계 반공시민' 상상의 공동체 일조

김용환 등 만화가들은 한국의 사상심리전 전장에서, 미군이 아시아·태평양을 무대로 하는 심리전의 전장에서, 미 공보원이 자유·공산세계를 무대로 하는 글로벌 심리전의 전장에서 만화 활동을 했다. 만화는 의미뿐 아니라 감정의 전달이 탁월한 커뮤니케이션 도구였고, 삐라(전단) 제작에도 적합해서 반공 사상심리전 활동에 유용한 미디어였다. 이들이 그려내는 빨갱이 적의 이미지화와 공포의 재현은 공산세계를 경험하지 못한 '자유시민'에게 마치 체험한 것처럼 생각과 감정을 불어넣었다. 그렇게 자유세계의 반공시민이라는 상상적 공동체 형성에 일조했다.

5부
전쟁은 끝나지 않았다

# ⧉ 소통이 제한되고 경계가 높아지다
판문점과 철책

널찍한 회담장에 세 개의 테이블이 길게 배치돼 있고 유엔군과 '공산군' 대표가 각각 정전협정서에 서명하고 있는 장면, 그 유명한 판문점 정전협정 조인식 사진이다(〈사진 1〉). 1953년 7월 27일 오전 10시 판문점에서 정전협정서 조인식이 열렸고, 이 자리에 유엔군 대표단 수석대표 해리슨W. K. Harrison 중장과 조선인민군 및 중국인민지원군 대표단 수석대표 남일 중장이 참석했다. 둘은 한국어, 영어, 중국어로 된 협정서 6장에 서명했고, 조인식은 약 10분 만에 끝났다. 정전협정서는 조선인민군 최고사령관·조선민주주의인민공화국 원수 김일성, 중국인민지원군 사령관 펑더화이彭德怀, 유엔군 총사령관·미 육군 대장 클라크M. W. Clark의 서명으로 체결되었다.

〈사진 1〉의 구도로 보면 조인식 분위기가 정적으로 보인다. 그러나 당시를 촬영한 영상을 보면 회담장은 외신 기자의 취재와 군 (스틸·영상) 사진병의 기록 활동으로 뜨거웠다. 제2차 세계대전 승전국이자 전후 세계질서를 주도적으로 구축한 미국이었지만, 한국전쟁에서는 승리하지 못한 채 "최종적인 평화적 해결이 달성될 때까지"(정전협정문 서언) 전쟁을 중단해야 했던 미국의 모습을 담으려 했던 것일까?

<사진 1>
정전협정 조인식 분위기가 정적으로 보인다.
그러나 당시를 촬영한 영상footage film을 보면 회담장은 외신 기자의 취재와
군 (스틸·영상) 사진병의 기록 활동으로 뜨거웠다.
(1953. 7. 27).

## 협상 과정에서 고지전만큼이나 치열한 심리전

정전협상의 시작은 개성 내봉장에서 시작했다. 그것도 2년 전인 1951년 7월 8일 전쟁을 멈추기 위한 예비회담이 시작됐다. 7월 10일 본격적인 정전회담에 들어가 7월 26일 정전협상의 의제를 확정했다. 의제는 크게 군사분계선MDL과 비무장지대DMZ 설치 문제, 전쟁포로 처리 문제, 한반도 문제의 평화적 해결을 위한 정치회담 개최 문제로 설정되었다. 첫 번째 의제는 1951년 11월 27일 합의를 이루었다. 이 시기 정전회담 장소가 개성 송악산 기슭의 내봉장에서 판문점으로 바뀌었다.

내봉장은 38선 이남이지만 당시 북한이 점령하고 있는 지역에 있었다. 이 지역에서 정전회담을 개최하면, 유엔군 차량은 회담하러 들어갈 때 백기를 게양해야 했다. 깃발 크기, 회담 의자의 높이 등 신경전이 벌어졌다. 여기에 당시 전선을 군사분계선으로 설정하자는 유엔군의 주장이 받아들여지면서 회담 장소를 개성에서 파주 널문리(판문) 지역으로 옮긴 것이다.

첫 판문점은 임시 군용 천막으로 시작했고, 그러다가 전쟁 막바지에 건축된 목조건물이 이를 대신했다. 말 그대로 임시 회담 장소였고, 현지 주민들도 회담이 끝날 때까지 한 달만 나가 있으면 되는 줄 알았다. 주민들은 집문서를 항아리에 담아 땅 속에 묻어두고 옷가지만 약간 챙겨들고 마을을 빠져나왔는데, 그게 고향에서의 마지막이었다.[1]

우선 4개월이었다. 밀고 당기는 협상 과정은 순탄치 않았지만, 합의 결과 12월 27일까지 총성이 멎었다. 말 그대로 '임시 휴전'이었다. 그러나 전투가 재개되었고, 두 번째와 세 번째 의제 협상이 큰 진통을 겪었다. 특히 포로 문제가 합의할 수 없는 난제로 떠올랐다. 국제법(1949년 제네바협정)은 정전 후 포로의 '무조건 송환'을 규정하고 있지만, 양측 포로 수의 심각한 불균형으로 유엔군이 이를 거부했다. 유엔군은 고심 끝에 일 대 일 교환을 제시했고, 나중에는 이를 철회하고 '자유(의사에 따른) 송환' 원칙을 제시해 관철시켰다.

전선의 고지전만큼이나 치열하게 판문점과 포로수용소에서 심리전이 진행되었다. 적을 얼마나 파괴하고 적 수중의 땅을 얼마나 더 차지하느냐 못지않게 정전이 이루어지기 전까지 적을 얼마나 우리 쪽으로 전향시키느냐가 중요해졌다. 새로운 형태의 전쟁이 전개되는 것이었고, 이것이 전체 전쟁 승리를 판별하는 리트머스 시험지로 작용하게 되었다.[2]

정전은 기약 없이 미루어졌다. 그러나 어느 쪽으로도 결론나지 않는 전쟁을 계속할 수도 없었다. 미국에서는 한국전쟁 종전을 공약으로 내세운 아이젠하워가 대통령이 되었고, 소련에서는 스탈린이 사망했으며, 중국도 전쟁을 계속 지원하기 어려운 국내 상황들이 전개되었다. 북한도 중국 입장에 반대하기 어려웠고 무엇보다 계속된 유엔군의 폭격으로 초토화된 북한 전역을 재건하기 위해서라도 정전회담에 참여해야 했다. 이승만 정부만이 정전협정 체결을 반대했다. 이승만 대통령은 정전협정 반대시위를 대규모로 조직했고, 북진통일을 외쳤다.

이런 상황에서 1953년 4월 부상 포로들을 교환하는 '리틀 스위치' 작전이 우선 이루어졌다. 그리고 6월 8일 본국 송환을 거부하는 포로의 처리에 대해 서로 합의했다. 정전협상의 최대 걸림돌이었던 포로 문제가 합의된 것이다. 이승만 정부는 이에 반대했고, 6월 18일 이 대통령의 지시로 유엔군 사령부와 아무런 협의 없이 '반공포로'를 석방했다. 이로 인해 정전회담이 일시 중단되기도 했지만, 곧 한국이 자의/타의로 배제된 채 정전회담이 재개되었다. 7월 22일 군사분계선의 위치와 남북 경계가 최종 합의되었고, 7월 27일 정전협정 조인식이 열렸던 것이다.

## 새로운 판문점의 탄생

현재 판문점의 장소는 정전협정 조인식이 열렸던 목조건물(현재 북한이 평화박물관으로 운영)에서 남쪽으로 떨어진 곳으로, 군사분계선 바로 북쪽은 언덕이, 남쪽은 평지가 자리한 부지였다. 일설에 의하면 북한 공병대 중좌가 제안했고, 미군 공병대 중령이 이에 별다른 이의를 제기하지 않아 확정되었다 한다.[3]

유엔군과 공산군 양측은 1953년 7월 28일부터 군사정전위원회 회의 규칙 및 절차, 신규 판문점의 위치와 건설, 공동경비구역의 구역 및 인원, 인도군 관할 문산리 임시포로수용소 위치와 건설 등의 문제를 협의했다. 판문점과 공동경비구역JSA의 공사가 시작된 것은 9월 3일이었고 1차 공사가 완료된 시점은 9월 15일이었다. 10월 13일에는 인도군 관할 문산리 임시포로수용소의 건설이 완료되었는데, 대단한 속도전이었다. 10월 16일에는 판문점에 건설된 6개 건물의 용도와 공동 사용을 최종 확정했고, 판문점 지도를 교환했다. 그리고 10월 19일 모든 구역 경비와 건물이 승인되었다. 유엔군이 건설한 건물은 중립국감독위원회 NNSC 회의실, 군사정전위원회MAC 회의실, 비서처 사무실(임시건물이라는 의미에서 현재 각각 T1, T2, T3로 부르고 있음)이었고, 공산군은 중립

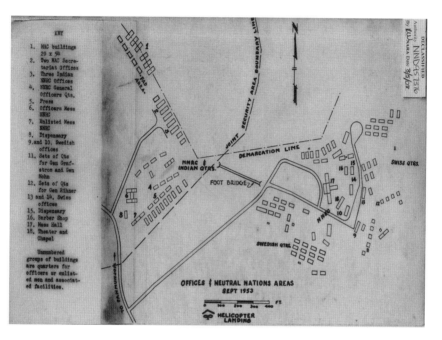

〈지도 1〉
1953년 9월 작성된 판문점과 공동경비구역 배치도.
NARA RG 554, Entry A1-1267, Box 19.

〈사진 2〉
1965년 12월 12일
판문점 공동경비구역 전경. 영상캡처.

국감독위원회 사무실, 중립국송환위원회NNRC 사무실, 실향민귀향지원위원회 및 공동적십자팀JCT 건물을 지었다. 이렇게 볼 때 군이 새로운 판문점의 탄생일을 꼽아본다면 이 날이라 할 수 있다.

1954년 12월까지 판문점과 공동경비구역 2차 공사가 진행되었다. 반원형 막사, 조립식 건물, 텐트, 전기와 급수시설, 진입도로 등 여러 건물과 구조물들이 만들어졌다. 1961년부터는 북한군이 사전협의 없이 초소나 건물을 지어 유엔군도 맞대응에 나섰다. 1964년에 북측이 군사분계선 바로 북쪽 언덕에 '평화의 파고다'라는 육각정 휴게소 건물을 짓자 남측은 그다음 해 군사분계선 바로 남쪽에 '자유의 집'을 건축했다.[4]

판문점과 공동경비구역 내에서는 미군과 한국군, 북한군이 서로 군사분계선 경계를 넘나들며 북측의 평화의 파고다나 남측의 자유의 집 앞을 자유롭게 오갔다. 1965년 12월 12일 미군이 촬영한 영상을 보면,[5] 공동경비구역은 분명 제한된 공간이면서도 군사정전회담 때마다 유엔군과 한국군, 북한군이 자유롭게 군사정전위 구역을 오가는 소통의 광장처럼 보인다. 〈사진 2〉를 보더라도 군사분계선과 상관없이 북한군 경비병이 자유의 집 앞에서 미군 경비병과 나란히 서 있다.

심지어 1968년에는 파주 비무장지대를 침투해 남하한 김신조 등 31명이 청와대 습격을 시도하는 사건이 발생했고, 그 직후 푸에블로호 피랍사건이 이어지면서 남북의 군사적 갈등이 격화되었지만, 그때도 판문점과 공동경비구역은 그 갈등을 완화시키기 위해 제한적으로나마 소통하는 "한반도의 숨구멍" 같은 중립지대였다.

## 높아지는 경계와 늘어나는 충돌

그러나 판문점 공동경비구역을 벗어난 곳에서 군사분계선의 경계는 점
차 높아져 갔고, 휴전선 전역 총 10개 구역 31개 지역으로 나누어진 비무
장지대는 점점 무장이 되어갔으며, 군사적 충돌로 나날이 위기감이 높아
져 갔다.[6]

정전 직후 비무장지대 남쪽 경계 표지판과 철조망은 드문드문 설치
되었다. 철조망도 표시의 의미가 강해서 2가닥 철조망 울타리에 불과
했다. 1955년 9월 12일 121개 표지판이 세워졌고, 1957년까지 유엔사
령부가 관리하는 표지판 696개, 북한이 관리하는 596개, 총 1,292개가
200미터 간격으로 오솔길, 강, 하천에 설치되었는데, 지뢰 매설 작업도
병행되었다.[7]

군사분계선 부근과 비무장지대에서 납치와 총격 등 군사적 충돌도 점
차 늘어났다. 1950년대 국내 신문 보도에서 북한의 침투와 국지전은 405
건에 불과했지만, 1960년대 1,340건으로 증가했다. 북한 《로동신문》에
서 보도한 남한의 침투 및 정전협정 위반 통계를 보면, 1960~69년 군사
적 충돌 관련 건수가 4,606건인데, 1968년에만 355건 보도되었다. 1959
년 중국인민지원군의 철수, 1960년 중후반 베트남전쟁의 확대, 1968년
1·21청와대 습격사건과 1·23푸에블로호 피랍사건 등을 보면, 이 시기
남북의 군사적 대립과 충돌이 얼마나 심각했는지 알 수 있다.[8]

이에 따라 비무장지대의 경계도 비상사태 수준으로 높아질 수밖에 없
었다. 아예 목책이 Y자형 철책 철조망으로 강화되는 사태가 벌어졌다.
1964년 한국군은 북한의 침투를 방어하기 위해 비무장지대에 목책 철

〈사진 3〉
초기 군사분계선 표지판.
(1953. 8).

〈사진 4〉

1967년 10월부터 건설된
Y자형 철책과 초소.

조망을 설치했는데, 목책은 경계병의 시야를 방해하고 내구성이 약했다. 1965년 북한은 북방한계선을 군사분계선 가까이에 설정해 설치하고, 남한도 남방한계선을 이전보다 북쪽으로 올렸다. 1967년 한국군은 대침투작전위원회를 구성해 남방한계선 전 구간에 걸쳐 Y자형 철책 설치를 결정하고, 그해 10월 파주 일대(휴전선 전역 10개 구역 중 파주는 제3구역) 비무장지대를 시작으로 본격적으로 공사를 진행시켰다. 미군 사진병이 촬영한 사진과 영상을 보면, 10월 3일부터 파주에서 시작했음을 보여준다.[9]

## 질식하는 '한반도의 숨구멍'과 '월경'의 관리

높아지는 경계와 늘어나는 충돌은 판문점 공동경비구역을 비켜가지 않았다. 1976년 8월 18일 '판문점 도끼 만행사건'이 발생하면서 이 숨구멍도 막히기 시작했다. 북한군이 '돌아오지 않는 다리'(널문다리. 사천강을 건너는 다리라 해서 사천교라 부르기도 함)에 있는 미루나무를 가지치기 하는 작업을 경비하던 보니파스Arthur G. Bonifas 중대장과 배럿Mark T. Barret 소대장을 살해하자, 미군과 한국군은 '폴 버니언 작전'으로 보복에 나섰다. 미군은 AH-1코브라 헬기 등의 직접 엄호를 받고 권총 무장을 하고 사건 발생의 원인이었던 미루나무를 제거했다. 그런데, 이에 더해 한국군 특전사가 카투사로 위장해 공동경비구역으로 들어가 북한군 초소들을 파괴하는 사태로 확산되었고, 이에 만약 북측이 교전에 나서게 되면, 말 그대로 전쟁이 터질 수도 있었다. 일본에서 휴가 중이던 유엔군 사령관 겸 주한미군 사령관인 스틸웰 미 육군 대장이 여객기나 수송기가 아닌 전투기에 탑승해 한국에 복귀할 정도로 사태가 급박하게 전개되었다. 미군이 만약의 사태에 대비해 이 작전을 위해 간접적으로 지원 병력으로 동원한 규모를 보면 그러했다. 그러나 선제적으로 '만행'을 저지른 북한군이 이번에는 저항 없이 초소 병력을 빼면서 준전시태세는 전쟁으로 치닫지 않았다.

이 사건은 판문점 공동경비구역의 풍경에 커다란 변화를 가져왔다. 그해 9월 7~13일 군사정전위 공동감시소조의 감독 아래에 군사분계선 자리에 1미터 높이의 콘크리트 기둥 59개를 10미터 간격으로 세우고 군사분계선 위 7개 건물 주변에는 높이 5센티미터, 폭 50센티미터의 콘크리트로 군사분계선을 표시했다. 또한 군사분계선 위 건물 안에서는 회의실 테이블을 지나는 마이크 케이블로 군사분계선을 표시했다. 그리고 '돌아오지 않는 다리'는 폐쇄되었다. 북한 경비원이 공동경비구역 남측 지역에 출입할 수 없게 된 것은 물론이다. 이에 북한군은 보급로 및 이동로 확보를 위해 북한 지역과 공동경비구역 북측 구역을 연결하는 다리를 72시간 만에 건설했는데, 그래서 그 이름이 '72시간 다리'라 불린다. 그 이후로 비무장지대가 비무장이 아니듯, 판문점 공동경비구역은 더이상 공동으로 경비하는 것이 아니라 각자 남측과 북측을 따로 경비하는 구역이 되었다. 군사정전위 등 관계자와 기자 등의 '월경' 자체는 금지된 건 아니지만, 안전을 위해 콘크리트 군사분계선을 넘지 못하도록 관리되고 있다.[10]

이때부터 콘크리트 군사분계선의 '월경' 행위는 그 자체로 큰 정치적 상징 효과를 가지게 되었다. 1978년 6월 13일 남측 해상에서 구조된 북한 어부 8명을 판문점을 통해 '송환'할 때 벌어진 일은 이를 잘 보여준다. 북한 어부들은 군사분계선을 넘자마자 옷을 포함해 몸에 걸친 모든 것을 벗어 던졌다. 어디서 많이 봤던 장면이다. 한국전쟁 포로 교환 때 양측 포로들이 이와 마찬가지로 옷을 벗어 던지고 절박한 표정으로 죽어라 군가를 부르지 않았던가. 적의 수중에 포획되어 있었지만 어떤 고난에도 '귀환'하는 '용사'로서 자기 증명해야 함과 동시에 자신이 속한 체제의 우월성을 선전하는 도구가 되어야 했던 것이다. 그런데, '월경'이 끝나고 자신이 속한 체제와 사회로 돌아가더라도 자기 증명은 '네버 엔딩 스토리'일 수밖에 없었다.


## '통일通一'과 평화를 위한 공간으로 거듭날 수 있을까

2018년 4월 27일 판문점에서 문재인 대통령은 김정은 국무위원장의 손을 잡고 군사분계선을 넘어 아주 잠깐 북한 땅을 밟았다. 세계 주요 외신으로 타진된 남북정상회담의 명장면 중 하나다. 북핵에 대해선 들어봤지만 북한이 어디에 있는지도 모르는 지구촌의 시민들도 남북 두 정상이 고작 5센티미터 폭밖에 안 되는 '선'을 넘어가는 장면을 뜨거운 관심으로 지켜봤다.

이것도 정치적 상징이 어마어마하게 큰 '월경' 행위지만, 앞서의 것과 성격이 판이하게 달랐다. 공동경비구역을 분리경비구역으로 만든 분단의 선을 두 정상이 손을 잡고 함께 넘나들어 소통의 복원을 선언한 것이다. 분명한 건 두 정상뿐 아니라 판문점 공동경비구역에 승인을 받고 들어간 사람이라면 누구나 넘나들 수 있어야 그 선이 납작해질 것이다. 그렇게 선이 없어져야만 남측과 북측 경비대원과 군사정전위 관계자, 기자, 민간인이 한데 엉켜 자유롭게 오갈 수 있지 않을까?

남측과 북측으로 분리된 경비구역이 하나로 합쳐져[統一] 명실상부한 '공동' 경비구역이 되려면 우선 하나로 (소)통해야[通一] 한다. 1976년 이전에는 비무장지대 내 군사적 긴장과 충돌이 높아지고 경계선도 철책으로 높아지더라도 판문점 공동경비구역만큼은 제한되더라도 소통 공간이었고, 위기 관리의 숨구멍 역할을 했다. 이것은 시작에 불과하다. 비록 문재인 정부의 한반도 평화프로세스가 답보 상태를 거듭하며 어려움에 봉착해 있지만, 이 국면에서 풀 수 있는 실마리 중 하나는 판문점 공동경비구역을 '통일通一'과 평화를 위한 공간으로 만드는 것이 아닐까 한다.

# 끊긴 이야기가 흐르는 평화를 ⋮⋮
## 전쟁과 다리

전쟁은 많은 것을 파괴한다. 또한 새로운 것을 만들기도 한다. 전쟁통에 여러 길이 차단되고 파괴된다. 새로운 길이 만들어지고 열리기도 한다. 강을 건너는 길인 다리는 이것을 극적으로 보여준다. 전쟁 때 다리는 군이 공격과 방어를 위해 통제, 관리하는 핵심 시설이다. 군은 적의 공격과 침투를 방어하는 방벽으로 삼기 위해 다리를 폭파하거나, 아군의 병력 투입과 보급을 위해 다리를 만들기도 한다. 이 때문에 민간인, 특히 피란민이 다리에 접근하는 것을 막거나 통제한다. 그러나 전란이 있기 전에는 지역 주민이 일상적으로 오갔던 다리다. 급격하게 전선이 밀리고 정부와 군의 피란 통제가 거의 없는 상태에서 폭파나 폭격으로 인한 다리의 파괴는 엄청난 비극을 만들어낸다.


## 다리 못 넘고 '잔류'한 국민은 '부역자'

한국전쟁이 시작되고 한강, 금강, 낙동강의 큰 다리들이 파괴됐다. 적의 주 공격로와 침투로를 파괴해 차단하고 적의 전진을 늦추는 군사작전의 하나로 이루어졌다. 이 작전은 사람들의 피란길을 차단하는 것이기도 했다. 심지어 어처구니없게도 아군 후퇴로를 끊어서 아군 병력과 군수 장비를 고스란히 적에게 갖다 바치는 일이 벌어지기도 했다.

한국군 최고 수뇌부(육군총참모장)의 잘못된 판단과 지시로 이루어진 한강 다리 폭파(1950년 6월 28일 새벽 2시 30분)가 단적인 예다. 서울 창동·미아리 방어선에 투입된 한국군 9만8,000명의 퇴로가 차단됐고, 2만4,000명만이 한강 이남으로 후퇴한 것으로 집계됐다.[11] 다리 위에서는 수백 명의 경찰과 피란민이 폭사당했다.

다리 파괴의 피해는 이에 그치지 않는다. 서울에 돌아와서 이승만 정부가 긴급히 한 일은 다리가 끊겨서 피란 가지 못해 서울에 '잔류'했던 국민을 '부역자'(역도에게 협력한 자)로 낙인찍는 것이었다. 국민을 버리고 '도강'한 국가가 그 책임을 통감하기는커녕 거꾸로 '잔류'한 국민에게 "너 적과 역도들에게 협력했지? 왜 서울에서 도망쳐 나오지 않았어?"라며 처벌하고 죽였다. 이승만 대통령이 말한 "부역하지 않은 개, 해피" 일화는 잔류하게 된 국민을 '개만도 못한 부역자'로 바라보는 것이었다.[12] 이러한 피해를 겪고도 살아남은 국민이 1·4후퇴 때 어떻게 됐는지는 너무 분명하다. 한겨울 피란길에 얼어 죽더라도 선택지는 하나였다. 개전 초 여름과 달리 1951년으로 넘어가는 엄동설한의 '반공 엑소더스' 신화는 그렇게 탄생했다.

한국을 공산화로부터 구하고 자유진영을 수호한다는 명분으로 참전한 미군(유엔군)은 그래도 이승만 정부의 행태와 다르지 않았을까? '전후' 세계질서를 주조한 헤게모니 국가이자 자유진영의 리더인 미국을 어찌 자국민의 안전에는 국가 부재 상태를 여실히 드러냈고 정권의 안전에는 국가폭력을 자행했던 신생 이승만 정부와 비교할 수 있겠는가?

## 다리 위엔 피란민뿐이었다

그러나 예상과 달리 미군도 개전 초기 이승만 정부의 실패를 답습하는 모습을 보여주었다. 미군은 적에게 급격하게 밀리면서 '지연전' 차원에서 다리는 물론 마을과 도시를 파괴했다. 거듭되는 패배로 인한 패닉(혼란) 상태가 인종주의적 멸시와 맞물리면서 피란민을 적대시하는 통제관리 정책을 시행했고, 여기저기서 피란민을 포로로 포획하거나 발포하는 사태가 일어났다. 다리에서 벌어진 참상은 이를 잘 보여준다.

미군은 낙동강 방어전을 준비하기 위해 8월 3일까지 모든 부대에 낙동강을 건너 철수하도록 하고, 왜관교와 득성교 폭파를 지시했다. 14공병대대가 득성교 폭파 임무를 맡았다. 미 25사단 24연대와 한국군 17연대가 다리를 건너 철수를 완료했지만, 피란민이 뒤이어 다리를 건너고 있었다. 그래도 다리를 폭파했고, 피란민 수백 명이 죽었다. 북한군은 아직 득성교 강가에 이르지 않았던 때다.

득성교 40킬로미터 상류에 있던 왜관교는 8공병대대가 폭파를 준비했다. 8월 3일 해가 저물 때까지도 미 1기병사단의 도강이 진행되고 있었다. 철수가 완료되자 사단장 게이 장군은 부대의 후위를 쫓아 다리로 밀려드는 수천 명의 피란민을 저지하고 다리 폭파를 지시했다. 피란민들도 필사적이었고, 결국 수백 명의 피란민이 폭사당했다. 왜관교도 득성교처럼 폭파 시기가 너무 빨랐다. 북한군 주력 부대가 적어도 24킬로

〈사진 1〉
"낙동강 방어전을 위해
득성교 폭파를 준비하는
미 14공병대대 A중대."
(1950. 8. 2).

한강 철교 복구 후 처음 운행하는 기차 앞에서
미 62공병대대 병사들과 이승만 대통령 부부, 기차 승무원 등이 함께 기념사진을 촬영하고 있다.
(1950. 10. 19).

미터는 떨어져 있었을 때다.

〈사진 1〉은 8월 2일 미군이 득성교 폭파를 준비하는 장면을 포착한 것이다. 사진에는 'RESTRICTED' 'SECURITY INFORMATION' 스탬프가 찍혔고, 그 위로 줄이 그어져 있다. 자체 검열에서 기밀로 묶였고, 이후 해제된 것이다. 미군 사진병이 찍은 수많은 교량 폭파 사진 대부분 기밀이 아니었는데, 득성교와 왜관교 폭파 준비 사진은 기밀로 취급된 이유가 무엇일까? 단지 작전상 이유일까? 아니면 다리 폭파로 피란민 폭사사건이 불거져 나오지 않도록 하기 위해서였을까?

폭파된 다리는 인천상륙작전으로 전세가 역전되면서 복구되거나 새로 건설됐다. 적의 남하를 막던 방벽 구실을 하는 다리가 이제는 병력과 보급에서 북진 통로가 되었다. 큰 강의 다리가 복구되거나 부교가 가설되면 어김없이 한국 정부와 미군의 요인이 개통식에 참여해서 기념했다.

서울 '수복' 직후인 1950년 10월 19일 미 62공병대대는 한강 철교를 복구했다. 첫 철도 개통 행사에 이승만 대통령과 부인 프란체스카, 신성모 국방부 장관, 김석명 교통부 차관 등이 참석했다(〈사진 2〉). 1951년 4월 18일 낙동강 다리 개통식 때도 마찬가지였다. 다리는 복구됐지만 주로 군사 목적으로 활용된 다리는 지역 주민의 일상에서 멀어졌다. 대신 미군이 민사 원조 차원에서 작은 다리를 새로 만들어주는 일이 많았다.


## 파괴와 복구를 반복한 뒤 다리를 건너 회담장으로

개성과 서울 사이에 있는 임진강에서도 다리의 파괴와 복구 건설이 반복됐다. 1951~52년 임진강에는 11개 다리가 있었다. 전쟁이 끊어놓은 '자유의 다리'(임진강 철교)는 잘 알려져 있다. 그런데 기러기Honker 다리, 저어새Spoonbill 다리, 엑스레이Libby 다리, 홍머리오리Widgeon 다리는 지역민이 아니면 잘 모를 거다. 이 다리들은 현재 경기도 파주를 만들어온 '길'이다.[13]

기러기 다리 자리는 원래 아군이 개성 부근에서 적의 탱크 부대를 공격하기 위해 부교(뜬다리)를 만들었던 곳이다. 이 군사 목적의 부교는 '6·25전쟁' 1주년에 철거됐다. 대신 개성 내봉장에서 열린 정전협상에

〈사진 3〉
1951년 7월 정전협상 대표단의 차량이 개성 내봉장을 나와
기러기 다리를 건너 유엔군임시사령부로 가고 있는 모습이다. 영상 캡처.

참석하기 위해 파주 선유리에 설치한 유엔군 임시사령부에서 출발해 임진강을 건너갈 다리가 필요했는데, 그렇게 만들어진 게 기러기 다리다. 이 다리로 협상 대표단과 기자단이 오갔으니 정전, 종전, 평화로 가는 가교 구실을 했다고 볼 수 있다.[14]

그런데 이 다리가 한 달여 만에 파괴됐다. 폭파나 폭격이 아닌 홍수였다. 임진강은 여름철엔 장마로 급류가 형성되고 홍수가 발생했다. 겨울철엔 유빙이 교각을 파괴하기도 했다. 대안은 그나마 튼튼하고 안전하게 건설된 임진강 철교, 즉 자유의 다리밖에 없었다. 서울에서 파주를 거쳐 개성을 연결해주던 이 다리는 폭파와 폭격으로 철교 기능을 완전히 잃어버렸다. 1950년 11월 복구됐지만 다시 파손돼 제 기능을 못하는 상태였다. 임진강 철교는 1952년 2~3월 세 차례 상행선 복구 작업을 했고, 협상 대표단과 기자단은 나룻배와 헬기 대신 자유의 다리를 건너 회담장으로 갈 수 있었다.[15]

임진강에는 저어새 다리와 엑스레이 다리도 있다. 각각 '전진교'와 '북진교'라는 군사 용도를 물씬 풍기는 또 다른 이름을 갖고 있다. 명명은 대상의 성격을 규정하고 그에 따른 효과를 유발한다. 다리 이름'들'은 하나의 다리를 바라보는 여러 기억과 욕망을 보여준다. 누군가는 새 이름으로, 누군가는 작전 지역으로, 또 누군가는 어떤 열망으로 이 다리들을 부를 것이다.[16]

〈사진 4〉
1952년 7월 미 84공병대대가 임진강 철교를 복구하고 있다.
그 옆에 부설된 가교로 차량이 통행하고 있다.

## 전쟁이 남긴 다리에서 어떤 평화를

전쟁이 남긴 다리를 통해 우리는 무엇을 할 수 있을까? 두 개의 이름을 가진 다리 위에 무엇이 오가게 할 것인가? 바로 지금은 평화의 이름으로 다가오고 있다. 군사적 평화만이 아니라 금지됐던 땅을 열고 끊어진 마을과 마을을 이어서 사람들의 이야기가 흐르는 평화여야 한다. 전쟁 통에 복구되거나 새로 만들어진 임진강의 많은 다리가 평화가 건너오는 길목이 될 수 있으리라 기대해본다.

# 전쟁을 기념하는 곳에 평화는 없다[17] ⵘ
## 용산 전쟁기념관

주위를 둘러보면 북한을 주적으로 삼아 한국전쟁의 기억을 반공주의적·국가주의적으로 재생산해왔던 이념·정동 장치로서의 기념관, 기념물, 박물관을 어렵지 않게 찾아볼 수 있다. 그중에서도 서울 한복판에 있는 용산 전쟁기념관은 국내적으로는 1987년 민주화운동과 국외적으로는 1989년 미·소의 냉전 종식 선언에 대한 군사주의 및 반공주의의 반발로 건립된 기념관으로, 한국 사회의 '전쟁정치'[18]와 반공 냉전적인 기억의 정치를 상징하는 공간이다.

이 공간은 한국이 앞으로 주도해나갈 탈냉전·탈분단과 평화 시대의 전망에 불협화음으로 작용할 공산이 크다. 매년 200만 명(70만 명은 어린이와 청소년·학생)이 다녀간다는 용산 전쟁기념관 공간의 구조와 전시 내러티브의 구체적인 내용들을 비판적으로 분석하는 작업을 차곡차곡 쌓아가야 한다. 이 결과물들을 갖고 전쟁사가 아닌 평화사의 관점에서, 반공주의적·국가주의적 이념·정동 장치가 아닌 공공 역사교육의 장이라는 관점에서 평화기념관의 구조와 전시 내러티브를 바꿔야 한다.

# 권위적·신화적·종교적 건축 양식과 공간

전쟁기념관의 정문을 들어서면 낮은 경사도로 올라가면서 점점 좁아지는 20개의 계단으로 진입하게 된다. 그러면서 마주하게 되는 건 우뚝 솟은 위압적이고 날카로운 조형물과 함께 전쟁기념관의 중앙 건물이다.

수평의 기념관과 수직의 기념물이 연출하는 권위적인 분위기와 좌우 대칭의 질서를 갖춘 전쟁기념관은 일제의 조선총독부 건물을 연상시키는 신제국주의 건축 양식으로 건립되었다. 건립 공사 설계 심의 때 보완 사항으로 지적된 바 있는데[19] 설계가 변경되지는 않았다 한다. 우연한 것인지 모르나, 조선총독부 건물을 "민족정기 회복"과 식민유산 청산의 명분으로 철거할 때, 한국 정부는 일본군과 미군기지, 그 후 한국군 육군본부가 있었던 그 자리에 조선총독부 건물과 유사한 새 건물을 건립하게 되었다.

관람객은 다시 나타나는 짧은 평지와 계단, 그 주위에 대칭으로 배치된 연못을 보면서 기념관에 본격 진입한다. 연못을 지나면서 관람객은 속세의 때를 제거하고 정화된 채 신성한 공간으로 들어서게 된다. 중앙부 둥근 제단 형식의 마당에는 한국전쟁 참전 국가들의 국기가 마당의 둥근 모양을 따라 도열되어 있다. 거기서부터 회랑이 시작된다. 마치 신전처럼 둥글고 긴 기둥으로 둘러싸인 양쪽 끝에 길게 도열된 회랑에는 '우리'와 함께(를 위해) 싸운 참전 외국인들의 이름들이 하나하나 음각되어 있는 각명비가 관람객의 시선을 끈다.

이 재현 공간은 그들의 희생을 추모하는 의미도 있지만 '6·25전쟁'이 자유진영 국가들이 참전해 '우리'를 도와준 정당한 전쟁이었음을 말해

〈사진 1〉
용산 전쟁기념관.
(출처: 전쟁기념관 홈페이지).

준다. 회랑 벽면에는 "전혀 알지도 못하는 나라, 한 번도 만난 적이 없는 국민을 지키라는 부름에 응했던 그 아들, 딸들에게 경의를 표합니다"라고 새겨져 있다. 이 문구는 미국 워싱턴 D. C.의 한국전쟁 참전 기념관에 있는 문구의 오마주다. 한국전쟁에 유엔군으로 참전한 미군에 대한 감사의 화답이자 지금도 여전히 대한민국을 지켜주는 미국에 대한 경의의 표시일 것이다. 국기가 나부끼는 제단과 회랑이라는 신성한 공간에 들어서는 관람객은 알지도 못하는 나라에까지 와서 그 나라를 지키기 위해 싸워준 사람들에게 고마움과 부끄러운 감정을 느끼고 대한민국의 국민으로서 겸허하게 그 부름에 응할 것을 요구받는다.

기념관 본 건물 중앙의 '호국전당' 휘호를 지나 오르면 중앙 홀의 천장을 자연스레 보게 된다. 천장은 둥근 돔 모양을 하고 있으며 돔 중앙은 빛이 투과할 수 있도록 건축되어 있다. 높은 곳에서 둥근 원형으로 내리쬐는 빛, 중앙 홀을 360도로 둘러싼 기둥, 그 기둥 앞 군모를 쓴 군인 흉상들은 로마 판테온의 신성함을 연상하게 한다. 천정으로부터 빛이 투과되는 공간과 위대한 영웅이 되어 흉상으로 물화된 조형의 상징은 신화적이고 종교적이다. 이 공간을 지나면 2층 호국추모실로 진입하게 된다. 본격적인 전쟁기념관 전시의 시작이다.

## 호국영령의 신화가 하늘로 오르는

전시의 동선은 선과 면을 가진 공간에서의 관람객의 신체 활동이다. 시선은 면을 통해, 몸은 선을 따라 지나간다. 동선은 각 전시공간을 이어주는 통로와 벽면에 배치된 판넬, 내러티브를 따라 전시된 전시물들을 보면서 관람객을 흐르게 한다.

전쟁기념관의 동선은 2층 호국추모실부터 시작한다. 다음에는 아래로 내려가 1층의 전쟁역사실을 거쳐 다시 2층의 6·25전쟁실 I·II관을 지나서 3층 6·25전쟁실 III관, 해외파병실, 국군발전실 등으로 흐른다. 이러한 동선과 공간 배치는 태초 한반도 민족정신에서부터 시작된 항쟁의 역사와 영웅신화를 2층의 '6·25전쟁'에까지 이르게 하려는 공간 배치다.

이런 동선을 자연스럽게 하기 위해 중앙 계단을 중심으로 각 층을 연결했다. 기념관 공간 전체가 마치 호국전당으로서 태초 민족정신과 역사, 호국영령의 신화적 얼이 숨쉬고 있고, 특히 천정, 하늘을 향해 올라가는 것처럼 느껴지게 만들었다. 이런 연출에서 전쟁기념관이 보여주는 역사는 단지 과거의 시간이 아니라 언제든 소환되는 현재화된 시간이다. 역사는 지배권력에게 권력 재생산을 위한 가치 있는 매개체이자 헤게모니 투쟁의 주요 장소가 된다.

전쟁기념관의 건립 목적은 한국전쟁 관련 유물·자료를 수집·보존 관리하고 전시해서 대중에게 반공안보 교육을 실시하는 것이다. 아울러 전사자 추모와 참전자에 대한 감사를 표현할 수 있는 기념 공간을 만드는 것이었다.[20] 그러나 한국전쟁이 승전으로 끝난 전쟁이 아니었기 때문에 무엇을 기념할 것인가 논란이 벌어졌다. 그래서 한국전쟁뿐 아니라 "한민족이 겪은 대외항쟁사를 모두 포함해 민족정신의 앙양 도량으로서 역할"을 해야 한다는 주장이 받아들여져, 민족전쟁사를 포함한 기념관으로 확대 수정되었다. 이 수정이 단순히 논란을 잠재우기 위

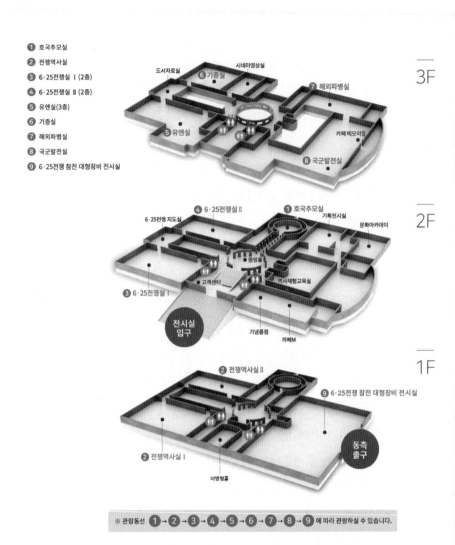

① 호국추모실
② 전쟁역사실
③ 6·25전쟁실 Ⅰ (2층)
④ 6·25전쟁실 Ⅱ (2층)
⑤ 유엔실(3층)
⑥ 기증실
⑦ 해외파병실
⑧ 국군발전실
⑨ 6·25전쟁 참전 대형장비 전시실

3F
도서자료실    ⑥ 기증실    시네마영상실    ⑦ 해외파병실
⑤ 유엔실    카페 메모리얼    ⑧ 국군발전실

2F
6·25전쟁 지도실    ④ 6·25전쟁실 Ⅱ    ① 호국추모실    기획전시실    문화아카데미
중앙홀
③ 6·25전쟁실 Ⅰ    고객센터    역사체험교육실
전시실 입구    기념품점    까페M

1F
② 전쟁역사실 Ⅱ    ⑨ 6·25전쟁 참전 대형장비 전시실
② 전쟁역사실 Ⅰ    동측 출구
이병형홀

※ 관람동선 ①→②→③→④→⑤→⑥→⑦→⑧→⑨ 에 따라 관람하실 수 있습니다.

〈그림 1〉
전쟁기념관 전시관의 동선과 공간 배치.
(출처: 전쟁기념관 홈페이지).

한 건 아닐 것이다. 분단과 한국전쟁으로 인해 '반공 민족'의 공간이 휴전선 이남으로 협소화된 상황에서, 시간을 거슬러 올라가 외세의 침입에 맞서 죽음도 불사하는 호국정신으로 무장한 5천년 민족을 소환하고, '6·25전쟁'을 반공주의적으로 기억하는 '우리'를 정통에 위치시키려는 포석을 깔고 있다.

6·25전쟁실은 1994년 개관 이래 전시 내러티브의 기본 골조가 변하지 않았다. 다만 한국전쟁 50주년을 앞두고 III관에 전쟁 일상생활과 유엔 참전 내용에서 전시를 확대 보완했다. 2001년 부분 리모델링 때는 디오라마, 3D체험실 등 현대적인 전시 기법의 기술을 도입했다. 2008년에는 전쟁이 스탈린, 마오쩌둥, 김일성의 3자 합의로 시작되었다는 사실을 강조해 전시장 입구에 배치했고, 2010년 전면 리모델링 때 '끝나지 않은 전쟁'임을 더 강조하면서 안보의 중요성을 더 구체화하고 이미지화했다. 2018년 리모델링에서도 한두 가지 유물이 빠지고 광복군의 내용이 보완되었을 뿐 기본적인 내러티브는 26년 동안 계속 유지되고 있다.


## '6·25'의 언어, "내 생명. 영원한 조국과 자유를 위해"

용산 전쟁기념관은 한국전쟁에 대한 지배 이데올로기와 감정을 (재)생산하는 공식 기억을 둘러싼 공간 실천이라 할 수 있다. 전시 내러티브는 단순히 이야기나 설명으로 재현되지 않고, 언어·이미지·도상·사물을 결합시키는 방식으로 그 내러티브를 강력하게 재현해 생각하고 느끼게 한다.

우선, '6·25'라는 숫자 언어로 명명되는 전쟁 발발과 책임을 부각시키는 내러티브가 있다. '한국전쟁Korean War'이라고 하면, 꼭 그걸 정정하며 '6·25'를 힘주어 말하는 분들이 있다. 이 숫자는 1950년 6월 25일 북한에 의해 전쟁이 기습적으로 시작되었다는 점, 전쟁으로 인해 초래된 모든 불행과 고통은 전쟁을 도발한 북한의 책임으로 귀착된다는 결론이 전제되어 있다. '상기하자 6·25, 무찌르자 공산당' 구호에 집약되어 있듯 말이다.[21] 또한 해방 후 미소 분할점령에서 남북에 국가가 수립되고 38선 분단이 적대적으로 심화되어갔던 역사를 지워버린다. 남한만의 단독선거(총선)와 단독정부 수립을 반대하고 남북 분단을 거부했던 '제주4·3사건' 같은 저항이나 항쟁은 외부의 적(김일성과 스탈린)에게 사주 받은 내부의 적의 '반란'으로 규정되고 마치 "'6·25전쟁'을 일으키기에 앞서 남한 내부에 혼란을 일으켜 전투력 소모를 유도하였다"는 식으로 왜곡된다.

역사를 숫자로 기억한다는 것은 그 역사적 배경과 맥락은 삭제되고 숫자가 지시하는 사건만으로 기억하게 만든다. 숫자는 하나의 상징이고 숫자와 함께 제시되는 화염과 탱크의 이미지는 바로 그날의 북한의 불법 침입만 연상케 한다. 따라서 '6·25'라는 명칭은 '6·25' 전에 전개된 한반도 분단과 내전 상황, 남북 간 국지적 교전 상황 모두 6·25 불법 기습 전쟁을 위해 발생한 것이라는 왜곡된 기억을 만든다. 전쟁기념관의 건립 목적인 전쟁 준비 만반의 태세라는 전쟁정치가 작동하는 것이다.

다음으로, 정언적이고 수행적인 언어로 내재화되는 반공 도덕과 국가주의 언어가 있다. 전쟁기념관 상징 존의 프로젝트 영상과 벽면에는 '자유는 거저 주어지는 것이 아니다'와 '내 생명 영원한 조국을 위해'라는 글귀가 정언 명령처럼 제시되어 있다. 자유는 거저 주어지는 것이 아니므로 내 생명을 조국을 위해 바치는 것은 당연하며, 마땅히 그렇게 수행되어야 한다는 도덕적 원칙을 담고 있다.

이러한 명령은 6·25전쟁실 II관 입구에 새겨진 이승만 대통령의 '북진을 하라' 명령으로 이어진다. 관람객은 선과 면을 따라 다양한 전시 이미지, 도상, 사물들을 함께 체험하면서 이런 국가주의, 반공주의 언어 메시지를 몸과 감정에 새기게 된다.

기념관 회랑에 새겨진 각명비와 전사자 명부의 이름 호명도 전시를 구성하는 강력한 언어다. 각명비는 한국과 유엔의 참전 군인들의 '죽음'을 기리는 물화된 형식이다. 새겨진 이름이 대변하는 개인의 죽음은 국가를 위한 명예로운 죽음을 상징한다. 다시 말해 각명비라는 신화를 통해 불멸의 이름으로 국민화하는 호명의식이다. I관의 상징존에서 확대되어 관람객에게 다가오는 이름들은 그런 효과를 겨냥한 것이다.

호국추모실 입구에는 마치 성스러운 성경이나 국보급 보물처럼 전사자 명부가 투명한 유리벽 안에 펼쳐져 전시되어 있다. 거기에 쓰인 개개인의 이름은 언어 차원을 넘어서 명부라는 사물을 통해 추상화된 "민족의 얼과 정신"으로 재현된다. 명부의 이름들처럼 "조국의 부름에 응답하라. 이것이 민족의 얼과 정신이며 그러한 넋은 고귀하다"는 환청이 들려온다. 전사자 명부 옆 수많은 별로 재현된 호국영령과 함께 60년이 지나도, 아니 몇 백 년이 지나도 너의 이름은 후대에 널리 기억되고 칭송될 것이라는 무언의 약속을 하는 듯하다. 이 사물이 기대하는 효과는 개인을 자유의지를 갖고 애국심으로 죽을 수 있는 국민으로 호명하는 것이다.

# 전쟁의 원흉과 반공포로의 이미지화

"이들이 무력 남침을 결정했다!" 6·25전쟁실 I관 '불법 남침' 존에는 김일성·스탈린·마오쩌둥이 전쟁을 모의하고 일으켰음을 재현하는 그림을 걸었다. 전쟁의 원흉, 즉 적이 누구인가를 이미지화하면서 적대감을 구체적으로 투사할 수 있도록 만든 전시 장치다. 이 인물들의 얼굴만 봐도 "북한의 불법 남침 모의"가 연상되는 도상으로 자리잡았다. 이 배너와 전시 자료를 비롯해 유독 I관의 불법 남침 존에는 빨간색이 많이 활용된 것도 특징적이다. 빨간색은 공산주의를 의미하면서 불법적이고 호전적인 분위기를 전달하고 있으며, 동시에 한국전쟁 발발의 경각심을 재현한다.

6·25전쟁실 II관의 출구 근처에는 전쟁포로 관련 자료가 별도 공간에 전시되어 있다. 푸르스름한 조명을 통해 포로수용소 느낌이 나도록 연출한 공간이다. 한쪽 벽면에는 포로들이 한가로운 모습으로 앉아 있거나 서 있는 큰 사진이 붙어 있고, 그 앞에 관련 서류와 사진을 전시하고 있다. 벽면의 큰 사진 앞에 철조망이 설치되어 있는데, 포로수용소를 사실적으로 재현하고 있다.

이 철조망은 관람자와 사진 속 포로들의 경계를 구분하고 서로 마주 보게 한다. 나무 기둥에 붙은 "철망 넘어 말 혹은 물품을 교환하지 말 것"이라는 경고 문구도 그런 효과를 자아낸다. 철조망 너머 적 포로는 신념에 찬 매서운 눈빛의 공산주의자의 모습이 아니다. 뿔이 두 개 달린 괴물의 모습은 더더욱 아니다. 동정의 시선을 보낼 수 있을 것 같은 '불쌍한 사람들'의 모습을 하고 있다. 또한 포로들의 수용소 일상을 평화롭게 재현했는데, 포로가 잘 대우받고 있다는 인상을 갖게 한다.

용산 전쟁기념관의 포로 재현은 포로의 자유의사를 존중하고 포로를 인도주의적으로 처우하는 대한민국의 우월성을 과시한다. 이런 맥락에서 이승만 대통령의 '반공포로 석방' 행위는 반공포로에게 자유를 선사하고, 전쟁을 마무리짓는 중요하고 결정적인 조치였다고 미화하고 정당화한다.

또한 '공산군'이 획득한 포로와 '유엔군'이 획득한 포로를 숫자로 대비하면서 국군과 유엔군의 전쟁 승리 이미지를 부각한다. 적 포로의 자유의사에 따른 본국 송환 거부, '반공포로 석방'사건 등의 이미지도 사상 심리전이라는 또 다른 전쟁에서 유엔군이 승리했음을 강조한다. 포로는 대한민국과 자유진영의 정당성과 우월성을 보여주는 증거로만 활용돼 전시되고 있다.


## 형제의 상과 평화의 시계탑이라는 도상

정언 명령의 언어가 가득한 전쟁기념관에서 드물게 남북관계와 평화를 간접적으로 은유하는 상징적 도상의 방식으로 형상화한 조형물이 있다. 바로 형제의 상과 평화의 시계탑이다.

형제의 상은 전쟁기념관 개관 당시 세워졌다. 320미터 수직으로 치솟는 평화의 탑 건립 계획이 예산 문제로 취소되었고, 그 대신 만들어졌다. 남과 북으로 갈라져 서로 총부리를 겨누며 싸우는 형제의 비극적 상봉이라는 소재는 비극성을 강조하고 감정적 몰입을 일으키는 스테레오

•〈사진 2〉          ••〈사진 3〉

형제의 상.          평화의 시계탑.

(출처: 전쟁기념관 홈페이지)

타입화된 스토리텔링이다. 영화 〈태극기 휘날리며〉도 이를 모티브로 삼았다. 형의 모습은, 쓰러질 듯한 동생과 비교해 매우 큰 형상을 하고 있고, 무기가 없는 동생과 달리 흔들림 없는 자태로 군모와 수통, 어깨에 총까지 메고 있는 완벽한 모습이다. 이 형제상은 한국군과 자유민주주의의 승리를 상징하고 있고, 이러한 우월성을 바탕으로 쓰러져가는 동생, 즉 북한(인민)을 김일성 도당으로부터 구원해야 한다는 의지를 상징하는 것으로 읽힌다. 이것은 거대한 국군, 즉 크고 강한 총으로 상징되는 군사력으로 가능하다는 것을 암시하고 있다.

2002년 형제의 상 뒤 부지에 평화의 시계탑이 세워졌다. 고철 탱크와 폐무기 위에 두 여자가 시계를 들고 있는데, 오른쪽 여자는 '50. 6·25' 시계를, 왼쪽 여자는 현재 시각의 시계를 들고 있다. '6·25' 시계의 여자는 한복 저고리를, 현재 시계를 든 여자는 현대 의상을 입었다. 두 사람은 서로 손을 기대고 있는데, 6·25 시계의 여자는 거의 주저앉은 모습이다. 이게 왜 평화의 시계일까? 단지 흰색으로 새겨진 '50. 6·25' 숫자, 여자의 고통스러운 몸짓과 얼굴만이 눈에 들어온다. 그런 의문을 품고 관람객은 본관으로 입장하고, 관람을 마치고 본관에서 다시 나오면서 이것의 의미를 되새길지도 모르겠다. 대한민국의 현재 시계는 '50. 6·25' 숫자와 그 고통과 연결되어 있고, 한국인과 한국 사회는 이것을 반드시 기억해야 하며, 평화는 '6·25'로 명명되는 한국전쟁의 기억과 강철 같은 무기 위에서만 이룰 수 있는 것이라는 메시지를 말이다.

그러나 이런 상징적 도상의 방식은 그 의도와 달리 새로운 의미의 해석을 가능하게 한다. 전쟁은 남성의 것이고, 여성의 고통 받는 몸짓 속에 전쟁의 고통이 담겨 있다고 재해석할 수도 있다. 게다가 이 조형물은 거의 유일하게 국가주의적·제국주의적 남근 중심의 위계로 이루어진 전쟁기념관에서 민간인 여성(의 고통)으로 재현된 조형물이라는 점에서 의도와 다른 전복의 가능성을 지니고 있다.

## 군사와 전쟁의 박물이 진열돼

언어·이미지·도상을 통해 기호화된 '6·25전쟁', 그 밑에 깔린 반공 이데올로기와 감정은 공산주의 적에 대한 공포와 위기 감각을 불러일으키고, 이에 대한 반공주의적 적대감과 함께 대한민국에 대한 애국심을 고양시킨다. 관람객은 반공주의적으로 조직화된 기념관의 선과 면을 통과하면서 체험한 감각으로 반공 국민이 되어 끝나지 않는 전쟁에 대한 군사적 대비의 필요성과 정당성을 받아들이게 된다. 이런 동선의 끝에 다다르는 곳이 바로 기념관 3층에 있는 국군 발전실, 그리고 외부의 대형 장비실이다. 관람객은 군사박물의 스펙터클을 둘러보면서 진열된 군사 장비들이 자랑스럽고 믿음직스럽게 느껴질 것이다. 총 같은 작은 무기부터 전차·전투기·함정 같은 대형 장비에 이르기까지, '6·25전쟁' 시기부터 현재에 이르는 다양한 무기체계가 전시되어 있다. 천안함도 있다.

전쟁기념관은 한국전쟁의 공식 기억을 전투사 중심으로 구성하고, 무기의 전시를 통해 군사력의 우세와 발전을 과시한다. 용산 전쟁기념관이 추모나 평화를 기원하는 기념관이 아니라 군사박물관이나 전쟁박물관의 성격에 더 가깝다는 것을 단적으로 드러내고 있다.

## 평화사와 공공역사의 관점으로 공간을 재구성해야

용산 전쟁기념관은 6월 25일에서 비롯한 위기를 공간적으로 재현하고 전쟁이 아직 끝나지 않았음을 끝없이 상기시킨다. 또한 전쟁기념관은 북한과 공산주의 진영의 만행을 체험케 하면서 반공주의적 감정을 고취시키고 호국을 위해 국민에게 '육탄'이 될 것을 웅변한다. 기념관 광장에는 "평화를 원하거든 전쟁을 기억하라"는 문구가 새겨져 있다. 힘이 있어야 전쟁에서 우위에 서고 (자유)평화를 유지할 수 있다는 메시지다. 상대에 대한 적대감과 힘의 (우위) 추구, 수단으로서 전쟁을 긍정하는 평화 용법이다. 문제는 한국, 북한, 미국, 중국이 북핵 문제를 해결하고 한국전쟁의 종전 시대로 나아가기 위해 경주하는 국면에서 전쟁기념관 공간은 한반도 탈냉전 분단과 평화로 가는 길에 장애물이 될 거라는 점이다.

장애물이라고 해서 부수고 치우는 것은 능사가 아니다. 평화사와 공공역사 교육의 관점에서 전쟁기념관을 바라봐야 한다. 이것은 전쟁의 기원이 아닌 평화의 기원으로 패러다임을 전환시키는 것이고 평화의 '성소'에 걸맞은 공간 구조 및 전시 내러티브의 형식과 내용으로 재구성하는 것을 제안하는 것이다.

건립공사 설계 심의 때부터 권위주의적·제국주의적이라는 지적을 받은 전쟁기념관 본 건물을 구 조선총독부 건물을 완전 철거하는 것처럼 부수고 새로 짓는 것은 현실적으로 어려운 선택지다. 무엇보다 '공공역사(교육)' 차원에서 그런 방식의 '청산'에 대해 논란이 생길 것이다. 전쟁기념관 본 건물은 그대로 두고 그 주변에 펼쳐진 전쟁을 긍정하는 경관과 요소들을 일부 변경시켜 전쟁의 고통스러운 현실을 드러내는 건 어떨까? 전쟁 긍정의 시각에서 '사각'화 되는 요소들을 재조명해서 갈등적인 전쟁 기억·기념 공간으로 재구성하는 건 어떨까? 이런 공간이야말로 전쟁과 평화에 대한 소통과 성찰을 끊임없이 자극하지 않을까? 예컨대 전쟁기념관 광장을 중심으로 도열해 있는 회랑, 즉 참전군인 각명비의 공간에 오키나와 평화기념관의 '평화의 초'와 같은 평화의 벽을 만들면 어떨까? 그 벽에 참전 군인뿐 아니라 전쟁에서 희생당한 '모든 피해자'의 이름을 새기는 것은 어떨까?

## 오키나와의 '평화기념관' 참조할 만

평화의 초는 건립 과정에서 미국의 베트남참전기념비The Wall를 참조했다. The Wall은 미국의 수도에, 그것도 수직으로 치솟은 기념물과 수평으로 웅장하게 뻗은 신고전주의 양식의 기념관들이 도열한 거대한 공원에 자리하고 있다. 이 각명비는 "소극적인 외관과 지극히 절제된 표현"으로 인해 '치욕의 골짜기'라는 비판을 받기도 했다. 그러나 The Wall의 건립 의도는 참전 군인을 국가를 위해 목숨을 바친 숭고한 영웅으로 기억하기보다는 베트남에서 복무해 사망하거나 실종된 모든 사람들을 기억하고 추모하는 장소를 만들자는 데 있었다. 동시에 베트남전쟁에 대한 분열된 여론과 미국의 과오를 재현하는 공간이 되었다.[22]

평화의 초는 바로 이 베트남전 각명비를 따라 하되 넘어서고자 했다. The Wall은 미군에 의한 베트남 사람들의 피해에 대한 기억을 전적으로

<사진 4>
평화의 초와 The Wall.

배제했지만, 평화의 초는 내셔널리즘과 군사주의를 초월하여 '죽음 앞의 평등'이라는 원칙에 입각해 건립했다. 국가를 위한 명예로운 죽음보다 "생명이야말로 보물"이라는 생각을 평화의 주춧돌로 삼은 것이다.

일각에서는 이런 원칙이 야스쿠니 합사의 경우처럼 전쟁지도자, 군인, 민간인을 구분하지 않고 각명하면, 가해자와 피해자가 혼재하게 되고, 그 결과 전쟁 책임 문제를 회피하게 만드는 효과를 낳게 될 것이라는 우려를 표하기도 했다. 논쟁이 벌어졌고, 그런 우려는 평화에 입각한 자료관의 전시 내용과 연동되어 보완될 것이라는 결론으로 봉합되면서 불식되었다.

이 논쟁의 결론을 뒤집어 생각하면, 전시 내용이 평화주의 맥락에 있지 않고 전쟁을 낭만화하게 되면 평화의 초는 그 취지가 무색하게 야스쿠니 합사처럼 될 수도 있다는 것을 의미한다. 이를 교훈으로 참조한다면, 전쟁기념관 회랑의 참전 군인 각명비와 갈등적으로 배치될 '평화의 벽' 각명비는 전쟁기념관 내 전시관의 평화주의적 내러티브의 뒷받침 없이는 힘을 받지 못한다는 것을, 자칫하면 고립되거나 취지가 전도될 가능성이 크다는 것을 알 수 있다.

한편, 전쟁기념관 건물 앞 외부 공간에서 부분 철거해야 할 조형물이 있다. '6·25전쟁 상징탑' 주변 '호국군상'을 들고 싶다. 한국전쟁 50주년을 맞아 31.5미터 높이로 설치된 상징탑은 "청동검과 생명나무의 이미지를 형상화"한 것이라 하는데, 기단부 옆으로 당장이라도 전투에 뛰어들 것 같은 호전적인 양상의 38인의 군인 형상이 있다. 이 호국군상의 의도는 전쟁의 고난과 고통의 상처를 표현하고 선열의 숭고한 희생정신과 호국정신을 상징한다고 했지만, 그 형식과 실질적인 내용은 소위 '육

〈사진 5〉
호국군상.

탄용사' 시리즈와 매우 유사해 보인다.

전쟁기념관 건물 내 6·25전쟁실 I·II관에도 '육탄 10용사'와 백마고지 '육탄 3용사' 조형물이 전시되어 있다. 육탄용사라는 명칭은 1949년 5월 송악산 고지의 공방전을 소재로 조작해 만들어진 영웅 이야기를 부르는 것으로, 김석원 장군이 처음 제안했다고 알려져 있다. 이 명칭이 애초 1932년 일제의 상하이 침략전쟁에서 전사한 3명의 병사 실명을 이용해 조작해 띄운 군국주의 신화에 연원을 두고 있다는 것은 참 의미심장하다.[23] 군국주의적 '자살 특공'을 애국적인 '살신 보국' 미담과 용맹의 신화로 재현하는 이 조형물은 전쟁기념관의 관람객에게 전쟁에 대한 국민의 자세와 정신 무장을 직설적으로 요구한다. 전쟁기념관을 평화주의적 맥락의 공간으로 재구성하기 위해서 이런 군국주의적 가짜 신화에 입각한 전쟁 긍정의 재현물은 제거되어야 한다.


## 민간인과 증언 중심의 다층적인 내러티브로 전시

전쟁기념관의 전시에서 군인이 아닌 민간인의 죽음은 주변화돼 있고 잘 드러나지 않는다. 6·25전쟁실에서 민간인 죽음이 시각화되는 건 북한군(또는 공산주의)의 잔학성을 입증할 때만 허용된다. 인민재판, '양민학살', '의용군' 및 노무자로의 강제 동원, 납북 등과 관련한 사진 이미지나 '공산군'에 의한 '피해 수치'(피학살 2만500명, 강제 동원 10만 명, 납북 8만 3,000명)로 재현된다.

한국군 및 경찰에 의한 자국민 학살이나 미군 등에 의한 민간인 학살은 철저히 배제되어 있다. 노무현 정부 때 진실화해를 위한 과거사 정리법과 진화위의 활동으로 규명된 국민보도연맹사건, 형무소 정치범 재소자 학살사건(대전형무소 사건 등), 부역혐의자 학살사건, 군경 토벌사건(산청·함양·거창 사건 등), 미군에 의한 학살사건(노근리사건 등)의 진실은, 그리고 '비국민'으로 낙인된 국민들에 대한 조직화된 국가폭력(국가범죄)의 반성은 전쟁기념관의 전시에서 배제돼 있다.

지난 10년 동안 국방부와 군은 민간인 대량 학살이 "전시 긴박한 군사작전 과정의 불가피한 상황에서 우발적으로 발생"한 것이라 대응해왔다. 또한 "현재에도 남과 북이 대치 중인 상태에서 친북 적대세력의 선동에 부합할 수 있는 편향된" 내용이고 "오도된 시각을 갖게 할 수 있다"는 주장을 펴왔다. 2010년과 2018년 전쟁기념관 리모델링이 비교적 큰 범위에서 이루어질 때에도 6·25전쟁실 전시에 민간인 학살 내용이 전혀 반영되지 않은 배경을 짐작해볼 수 있다.

전쟁기념관의 전시는 전쟁을 적과 싸우는 군인들의 전투로만 재현하지만, 전쟁에서 가장 많은 피해를 당하는 것은 후방의 민간인이다. 게다가 '톱질 전쟁' 양상으로 전선이 요동쳤기 때문에 적과 우리를 가르는 경계도 고정된 게 아니었고 분명하지 않았다. 한국과 북한에서 이승만 정권과 김일성 정권에 의해 희생당한 민간인 피해자는 남북한 군인 전사자의 두 배에 이른다. 이것조차도 공식 통계일 뿐 더 많은 민간인이 희생되었다는 게 정설이다. 이러한 전쟁의 현실과 고통을 어떻게 대면하고 응답해서 다시는 이런 전쟁이라는 참화가 일어나지 않도록 할 수 있을까?

언제라도 가능한 방안은 진화위가 국가 차원에서 진실 규명한 사건과 피해 내용을 한국전쟁 전시에 반영하는 것이다. 여기서 더 나아간다면, 전쟁의 역사를 객관적으로 기술하되 평화의 맥락에서 '사람'에 주목해 깊이를 보여주는 전시 내러티브가 도입될 필요가 있다. 특히 군인 영웅이 아니라 민간인 피해자를 중심으로, 또는 그 피해자를 하나라도 구하려 했던 '의인'을 중심으로 체험된 전쟁의 고통과 이를 넘어서는 일상의 이야기를 보여주고 들려줘야 한다.

군인이 아닌 민간인을 중심으로 한 '전쟁의 일상'과 '일상의 전쟁'에서의 고통을 전시하려면, '증언'을 깊이 있게 전시하는 것이 한 방법이다. 피해를 당한 한 시간과 장소에서의 고통스러운 체험의 증언을 선별적으로 전시하는 것에 그쳐서는 안 된다. 가능하다면, 민간인 피해자의 전 생애에서, 또는 피해자의 가족·친지·공동체·사회·국가와의 관계에서 다층적이고 중첩적으로 전개되는 고통들을 전시에서 보여주고 들려줄 수 있어야 한다. 예컨대 디지털 구술아카이브를 바탕으로 한 미국·독일의 홀로코스트기념관, 오키나와 평화기념관의 전시들이 그러했다. 평화를 위해 전쟁을 기억해야 한다면, 바로 이런 방법과 내용이어야 할 것이다.

피란민, 전쟁고아와 여성, 전쟁포로도 이 책에서 다룬 것처럼 한국전쟁 전시에서 더 적극적으로 깊이 있게 다루어져야 한다. 전쟁기념관이 지금까지의 전시에서 이 존재들을 완전히 비가시화한 것은 아니었다. 다만 북한에 의한 '양민 학살'만을 골라 반공주의적 목소리를 부여한 것처럼 전쟁기념관은 피란민과 고아, 여성, 포로에 대해 아주 제한적으로 재현했을 뿐이다.

# 호국기념관이 아니라 평화기념관으로

마지막으로 전쟁기념관의 명칭에 대해 언급하려 한다. 전쟁기념관의 법적 근거인 전쟁기념사업회법에 따르면, 용산의 전쟁기념관은 "전쟁의 교훈을 새기는" 기념 공간이고, "국민 안보교육의 장"이다. 그 목적이 전쟁을 예방하고 평화통일을 이룩하기 위해서라고 밝혔지만, 상대에 대한 적대감 고취, 힘의 추구, 수단으로서 전쟁을 긍정하고 찬미하는 공간이다.

기념관 건립 당시에도 '전쟁기념'이라는 명칭을 둘러싸고 비판적인 반론들이 언론과 역사학계를 중심으로 제기됐고, 그 후 명칭 논란은 끊이지 않았다. 그리고 2019년 3월 15일 전쟁기념사업회법 일부 개정 법률안이 발의(심재권 의원 등)됐는데, 전쟁을 찬양하고 미화한다는 지적에 따라 '호국기념관'으로 명칭을 변경하는 것을 골자로 하고 있다.

전쟁기념관에서 '호국'은 나라를 위해 '육탄'이 될 것을 요구하는 것이었다. 즉 '전쟁'과 '호국'이 같은 계열의 의미였으므로, 호국기념관으로 명칭을 변경한다고 해서 바뀌는 것이 있을 리 없다.

새로운 명칭은 평화기념관이어야 한다. 이 공간은 전쟁에 대한 공공기억과 공공역사 교육 장소로서 전쟁으로 인한 모든 죽음과 고통을 되새기고 애도하는 평화와 인권을 지향하는 기념관이어야 한다. 그리고 호국/애국을 위한 국민 안보교육보다는 평화 시민교육의 장이어야 한다.

# 공공역사와 평화교육의 관점으로
# 한국전쟁사를 어떻게 쓸 것인가

# 공공역사로 쓰는 한국전쟁 이야기

대중의 역사에 대한 관심이 과거보다 더 다양한 형식과 내용으로 폭발하고 있다. 특히 (뉴)미디어를 매개로 한 역사에 대한 열광이 지나쳐서 그 자체가 뉴스로 등장할 정도다. 역사의 대중화 노력도 활발하다. 학계의 역사학자들도 역사의 아카데미즘에 안주하지 않고 연구 성과를 '무겁지 않게' 사회적으로 확산시켜야 한다는 책임을 느끼고 있고, 다양한 대중 미디어 플랫폼을 이용하고 있다.

이런 상황에서 '공공역사'란 용어를 곱씹을 필요가 있다. 1970년대 미국에서 등장한 이 용어는 오늘날까지 오면서 정의에 여러 변화가 있긴 했지만, 대체로 "전문연구자가 아닌 광범위한 공중을 지향하는 공적 역사 표현의 모든 형태를 의미"[1]하는 것으로 쓰이고 있다. 이에 대해 역사학자 이동기는 "공적 영역에서 이루어지는 모든 종류의 역사 재현과 활용을 포괄적으로 가리키는 용어"라는 점에는 동의하지만, 굳이 "대학에 종사하는 역사학자들의 참여가 공공역사에서 배제될 이유도 없다"고 강조한다. 오히려 대학의 전문역사학자들과 공공영역의 역사가들이 다양한 역사 재현의 주체들과 함께 협력하는 일이라고 주장한다.[2]

이런 주장에 비춰보면 이 책은 공공역사로 쓰는 새로운 한국전쟁 이야기라 할 수 있다. 한국전쟁사는 과거사를 정리하고 집단기억의 창출을 보조하는 공공역사에서도 가장 민감하면서도 흥미로운 주제일 수밖에 없다. 공공영역에서 역사가들은 전쟁을 전투, 학살, 피란과 그 밖의 전쟁 일상을 직접 체험했던 증언자들을 접하고 들으면서 주도적으로 해석한다. 때론 역사가와 증언자가 해석을 두고 경합하기도 한다. 역사의 공적 재현과 활용에서 전쟁의 역사에 대한 지식은 자료나 문헌 분석과 연구에 의해서만 생산되지 않는다. 전쟁 체험과 기억을 증언하고 전승할 능력과 의지를 지닌 행위자들을 무시할 수 없다. 공공역사가 단순히 역사적 사실의 재현에 그치지 않고 현재적 함의와 전망을 지향하는 한 역사가들과 역사 증언자들 사이의 상호작용은 불가피하다. 자료와 문헌에 대한 역사학자들의 전문적인 분석과 전쟁 체험자들의 증언 보고가 만날 때, 전쟁(또는 대량 폭력) 이야기의 폭과 깊이는 확보된다.[3] 거기에 스틸 사진이나 영상 푸티지 자료, 관련 유물 자료가 있다면 더할 나위가 없을 것이다.

이 책은 한국전쟁에 대한 일종의 '비주얼 히스토리visual history'다. 오래전부터 문서와 사진·영상 아카이브에서 조사·연구한 방법을 토대로 한국전쟁의 시각과 사각을 연구해온 터라 사진 생산의 맥락과 사회학적인 재현 분석을 결합해 현대사, 특히 새로운 한국전쟁사 쓰기를 시도해왔다. 다만 이 책을 구성하는 여러 글들의 원본이 역사의 대중화를 위한 미디어 글쓰기의 산물(《한겨레 21》의 연재글)이고, 따라서 공공역사의 관점과 그 방법론의 하나인 비주얼 히스토리("이미지의 역사") 방법을 의식하고 서술했다.

사진은 기존 한국전쟁사 서술의 보완적 이미지로 활용된 것이 아니라 새로운 역사쓰기를 위한 독립된 자료이자 그 자체로 연구할 대상으로 다루어졌다. 그런데 이 책 곳곳에 배치돼 이야기를 이끌어가고 있는 대부분의 사진들은 사진병이 '사진작전'의 일환으로 촬영한 것이라는 점, 다시 말해 모든 프레임이 군사적 유용성과 전쟁 및 체제 승리를 위해 적합한지를 평가받고 검열됐던 전쟁사진이라는 특성(또는 한계)을 분명히 인식할 필요가 있다. 그렇기에 다음과 같은 질문이 제기될 수 있다.

전쟁의 대량 설득 무기의 필수 부분으로 통합됐던 전쟁사진들을 가지고, 우리는 과연 사진 속 피사체의 이야기들을 군사적 시각과 목적에서 해방시키고 공공역사로 만들 수 있을까? 더 나아가 이 역사를 반전평화를 위한 역사교육의 텍스트로 삼는 것이 가능한 일일까?

## 평화교육의 관점에서 새로운 한국전쟁사 쓰기

군 공식 전사 또는 학계 연구는 한국전쟁의 역사를 보통 배경과 원인, 전개, 결과로 구성한다. 이건 초중고 교과서(사회·역사·한국사)도 사실상 차이가 없다.[4] 일반적인 역사서술의 방식이기도 하고, 특히 초창기 한국전쟁사 연구가 전쟁의 기원에 초점이 맞춰졌던 영향도 있을 것이다. 즉

6월 25일 새벽 북한의 '남침' 사실을 강조하고 거기에 모든 책임을 묻는다. 이어서 전쟁의 전개는 다음과 같이 천편일률적으로 서술된다. 유엔군의 참전과 후퇴 → 낙동강 방어선 전투 → 인천상륙작전 → 38선 돌파와 북진 → 중공군 개입과 흥남철수 → 1·4후퇴 → 고지전 → 휴전협상이다. 그 뒤는 무장공비의 휴전선 침투와 이산가족으로 정리된다.

87년 민주화 이후 이런 역사쓰기에 대해 비판이 있어왔다. 국가와 군대 간 전투와 군인 영웅 서사 중심의 서술 구성은 전쟁의 참화와 고통을 겪은 민간인 개인의 시각을 배제하고 진영론의 관점(공산진영의 잔학성을 증거하고 자유진영의 우월성을 드러내는)으로 포획한다는 비판이었다. 무엇보다 북한에 대한 적대와 증오를 이데올로기적으로 재생산할 뿐이어서 인권과 평화는 자리할 데가 없다는 지적들이 제기돼왔다.

오래된 비판이니 대안적인 시도도 끊이진 않았다. 국가·중앙 대신 개인이나 가족, 지역 공동체의 시각이 재조명되고 있다. (비무장) 민간인과 피란민의 시각에서 전쟁사 다시 쓰기 작업이 시도되고 있고, 여성·아이 등의 입장에서 체험한 전쟁들의 이야기도 등장하고 있다. 또한 군인과 민간인 사이에서 사실상 '전쟁 쓰레기'로 취급됐던 포로의 시선과 목소리도 주목된다. 이런 시도들이 전쟁사를 새로 쓰고 있을 뿐 아니라, 이것이 다시 기존의 사회사·지역사·여성사·일상사의 논의를 더 두텁게 하고 있다. 또한 시각과 음성 자료를 독립적인 연구 대상으로 삼고 그 시각/유성(소리 있음)의 특성을 분석함과 동시에 그 이면의 사각/무성(소리 없음)의 보고 듣는 역사 연구 방법도 발전하고 있다.

이 책에서 다루고 있는 여러 주제들과 연구 및 역사 쓰기 방법도 그런 대안적 시도를 계승하고 있는 작업이다. 다만, 전쟁의 배경, 전개, 결과

라는 구성을 해체하지는 않았다. 유지하되, 다면·다층의 역사와 현실을 종합적으로 구성해 그 단면을 보여주는 것이 관건이라고 보았다. 일단 전쟁의 구조를 바라보는 망원경의 시야를 맥락으로 깔아놓고, 사진을 매개로 피사체와 관련된 거시/미시 구조와 행위의 작용/반작용을 현미경의 시야로 오가며 드러내려 했다.

이 책의 1부는 전쟁의 배경에 해당한다. 빨갱이 증오와 분단, 그리고 전쟁으로 내달리게 된 여러 사건들과 법적 폭력의 구조 및 운용의 결과들을 다루었다. 미소 분할점령이라는 국제정치 구조나 계엄법 없는 계엄 상태라는 법 폭력 구조의 힘에 주목하면서도, 동아일보 오보사건, 제주4·3사건, 국회프락치사건 같은 사건사의 국면, 그 속에서 움직이는 정치지도자, 미군·한국군 수뇌부, 사상검사 같은 역사 주인공의 행위들뿐 아니라 이에 맞서지만 대개 처참한 피해로 귀결되었던 행위들에도 주목했다.

2부는 주요 전투로 구성된 전쟁사다. 그러나 하나하나 전쟁 신화가 되었던 전투와 작전에서 금칠해진 영웅 서사의 시각을 살펴보면서도, 그 '사각'과 이면에서 가려진 이야기를 드러냈다. 구체적으로 인천상륙작전과 맥아더 장군, '38선 돌파'와 국군의 날, 흥남 철수와 김백일 장군, 다부동 전투 및 백야사의 '빨치산 소탕작전'과 백선엽 장군 신화의 이면을 들추고 민간인을 상대로 벌인 '다른 전쟁'의 피해 실상을 재구성했다.

3부와 4부는 전투사 중심의 전쟁사에서 거의 누락된 존재들이다. 아니 공식 이데올로기에 부합할 때만, "빨갱이가 판치는 세상"의 공포와 만행을 증거할 때만 조명 받고 동원되었던 존재들이다. 반공·냉전의 정동이 이 사회와 사람들의 마음을 짓눌렀던 그 오랜 세월 동안 포로와 피란민, 전쟁고아와 군'위안부', 서울에 버려졌던 시민의 시각과 목소리는 온전하지 못했다. 새로운 한국전쟁사 쓰기는 그 시각과 목소리를 복원하고 돌려줄 수 있어야 한다. 이 책의 글들은 그 시작점에 있다.

5부는 휴전 이후에도 계속된 작은 '한국전쟁'들을 다룬다. 판문점, 다리, 전쟁기념관에서 전쟁은 계속되었지만, 동시에 전쟁을 종식시킬 가능성도 내포하고 있는 장소다. 이 세 곳이 소통과 평화를 위한 공간으로 거듭날 때 전쟁사에서 평화사로 넘어갈 수 있다고 보았다.

한국전쟁에는 수많은 민간인 대량학살 사건들이 널려 있지만, 그것을 이 책에서 별도로 구성해 다루지는 않았다. 민간인 학살사건은 적대와 증오가 어떤 조건과 힘의 작용으로 피와 살이 터지는 대량 폭력으로 전개되는지 그 참상을 현미경으로 들여다보게 한다. 적대·증오 감정과 두려움·공포·절망과 같은 감정이 교차하는 장면에서, 게다가 용기와 애국심, 열광 같은 감정으로 가해 행위에 대해 동일시하는 장면을 보면서, 우리는 무엇을 느끼고 생각할까? 의도하지 않게 민간인 학살이 포착된 전쟁사진에서 피사체의 생전, 또는 사후 이야기들을 얼마나 복원하고 들려줄 수 있을까? 그 누구든 삶과 죽음에 대한 이야기는 강렬한 정동(긍정이든 부정이든)이 흘러넘칠 수밖에 없다. 그걸 선정적이지 않게, 평화주의적 맥락에서 어떻게 담아낼 수 있을까?

# 주석

## 들어가며

1 정근식·강성현, 《한국전쟁 사진의 역사사회학: 미군 사진부대의 활동을 중심으로》, 서울대학교출판문화원, 2016, 19~23쪽.

2 앞의 책, 28~29쪽.

3 앞의 책, 31~36쪽.

4 행콕은 사진 캡션에 7월 1일 찍었다고 기록했지만, 행콕과 함께 다니며 영상을 촬영한 포스노트Wallace Fosnaught 병장에 따르면, 이 날은 6월 29일이었다.

5 〈6·25전쟁 포화 속 소년범·'포로올림픽' 영상 최초 공개〉, KBS 뉴스 9, 2018. 8. 7. 21:28; 〈70년 만에 법정진술 4·3수형인, "정말 원통…… 죽고 싶어도"〉, 《헤드라인제주》 2018. 11. 26.; 〈"저는 죄인이 아닙니다"…… 70년 한 토해낸 4·3수형인들〉, 《뉴스 1》 2018. 11. 26.

6 정근식·강성현, 앞의 책, 38~39쪽.

7 앞의 책, 45~48쪽.

8 NARA 111 ADC-8082 6분 37초~8분 46초.

# 1부

1   강성현·백원담,《종전에서 냉전으로: 미국 삼부조정위원회와 전후 동아시아의 '신질 서'》, 진인진, 2017, 90쪽.

2   정용욱,《해방 전후 미국의 대한정책》, 서울대학교출판부, 2013, 148쪽.

3   《동아일보》1945. 12. 27.

4   정용욱, 앞의 책, 191쪽.

5   조덕송, 〈유혈의 제주도〉,《신천지》1948년 7월호, 91쪽.

6   양조훈,《4·3 그 진실을 찾아서》, 선인, 2015, 45쪽.

7   고무생의 딸 박기하 씨 증언. 제민일보 4·3취재반,《4·3은 말한다》 2권, 전예원, 1994, 168~169쪽.

8   앞의 책, 164쪽.

9   김익렬, 〈실록유고−4·3의 진실〉, 제민일보 4·3취재반,《4·3은 말한다》 2권, 전예 원, 1994, 342~347쪽.

10  김춘수, 〈1946~1953년 계엄의 전개와 성격〉, 성균관대 사학과 박사논문, 51~52쪽.

11  강성현, 〈제주 4·3학살사건의 사회학적 연구: 대량학살 시기를 중심으로〉, 서울대 사회학과 석사논문, 2002,

12  강성현, 〈한국의 국가 형성기 '예외상태 상례'의 법적 구조−국가보안법(1948, 1949, 1950)과 계엄법(1949)을 중심으로〉,《사회와역사》 94집, 2012, 91쪽.

13  김두식,《법률가들》, 창비, 2018, 244쪽.

14  권승렬 검찰총장 통첩, 〈건국에 방해되는 범죄처단에 관한 건〉, 1948. 12. 16.

15  김정기,《국회프락치사건의 재발견》, 한울, 2008, 161~163쪽.

16  앞의 책, 193쪽

17  앞의 책, 163~165쪽.

18  앞의 책, 198~200쪽.

19  앞의 책, 216~221쪽.

20  김두식, 앞의 책, 471~472쪽.

21 《국도신문》 1949. 12. 2.

22 《국도신문》 1950. 4. 11.

23 《동아일보》 1976. 6. 24.


# 2부

1 〈[사설] 맥아더 평가, 학계가 나서라〉, 《한겨레신문》 2005. 9. 11.

2 진실화해를 위한 과거사정리위원회, 〈월미도 미군폭격 사건〉, 《2008년 상반기 조사보고서 2》, 2008, 63~66쪽.

3 진실화해를 위한 과거사정리위원회, 《진실화해위원회 종합보고서 III 민간인 집단희생 사건》, 2010, 196쪽.

4 정근식·강성현, 앞의 책, 180쪽.

5 〈[사설] 통일의 신념과 개정 육군의 날〉, 《경향신문》 1955. 10. 3.

6 유임하, 〈전쟁 속 휴머니즘과 국가의 시선: 흥남 철수의 정치적 독해〉, 《한국문학연구》 34, 동국대 한국문학연구소, 2008, 447쪽.

7 김행복, 〈연구보고서: 흥남 철수작전〉, 국가보훈처/국방부 군사편찬연구소, 2005. 3.

8 정일권, 《정일권 회고록》, 고려서적, 1996.

9 앞의 책, 327쪽.

10 중앙일보사, 《민족의 증언》 4권, 1983, 78쪽.

11 정일권, 앞의 책, 327~329쪽.

12 현봉학, 《나에게 은퇴는 없다》, 역사비평사, 1996, 143~144쪽.

13 정일권, 앞의 책, 331쪽.

14 중앙일보사, 앞의 책, 79쪽.

15 김행복, 앞의 글, 66~71쪽.

16 박성진, 〈군 원로들이 백선엽 예비역 대장의 명예원수 추대를 좌절시켰다〉, 《경향신문》 2017. 2. 5.

[17] 백선엽, 《대게릴라전—미국은 왜 졌는가》, 原書房, 1993, 29쪽.

[18] 조현호, 〈KBS 친일파를 영웅으로……시청자 경악 친일방송 축하〉, 《미디어오늘》 2011. 6. 25.

[19] 박경석, 〈백선엽 명예원수 추대는 세기의 난센스다〉, 박경석의 서재, 2009. 3. 27.

[20] 백선엽, 《젊은 장군의 조선전쟁》, 草思社, 2000, 437~438쪽.

[21] 최선영, 〈냉전의 공간화와 기호화: 서울 용산 전쟁기념관을 중심으로〉, 성공회대 국제문화연구학과 석사학위논문, 2016, 32쪽.

[22] 최선영, 앞의 글, 35~36쪽.

[23] 백선엽, 《군과 나》, 대륙연구소, 1989, 329쪽.

[24] 앞의 책, 60~61쪽.

[25] 앞의 책, 70쪽.

[26] 군사편찬연구소, 《6·25전쟁사 5권》, 2008, 166쪽.

[27] 백선엽, 《내가 물러서면 나를 쏴라》, 중앙북스, 2010, 257쪽.

[28] 진실화해를 위한 과거사정리위원회, 《2010년 상반기 조사보고서》 8권, 2010, 178쪽.

[29] 최상훈 외, 《노근리 다리》, 잉걸, 2003, 204쪽.

[30] 한성훈, 〈전시 작전과 민간인 학살에 대한 군의 인식〉, 《용산 전쟁기념관 전시의 문제점과 대안 연속토론회 두 번째—전쟁기념관은 '무엇'을 말하지 않는가》, 2019년 7월 25일.

[31] 백선엽, 앞의 책, 1989, 224쪽.

[32] 앞의 책, 225쪽.

[33] 앞의 책, 224쪽.

[34] 백선엽, 《내가 물러서면 나를 쏴라 2》, 중앙북스, 2010, 355쪽.

[35] 앞의 책, 366쪽.

[36] 앞의 책, 367쪽.

[37] 앞의 책, 390~392쪽.

[38] 백선엽, 앞의 책, 1989, 229쪽.

[39] 안정애, 〈만주군 출신 장교의 한국전쟁과 주한미군에 대한 인식〉, 《한국인물사연구》 제3호, 2005, 348~349쪽.

40 백선엽, 앞의 책, 2010, 322~323쪽.

41 앞의 책, 326쪽.

42 백선엽, 《실록 지리산》, 고려원, 1992, 52쪽.

43 허은, 〈냉전분단시대 대유격대국가의 등장〉, 《한국사학보》 제65호, 2016, 449~450쪽.

44 이순혁, 〈백선엽 지리산 토벌작전때 양민 집단 동사〉, 《한겨레신문》 2011. 6. 21.


## 3부

1 《조선일보》 1953. 8. 6.

2 전갑생, 〈수용소와 죽음의 경계에 선 귀환용사〉, 백원담·강성현, 《열전 속 냉전, 냉전 속 열전》, 진인진, 2017, 278쪽.

3 한모니까, 〈'봉기'와 '학살'의 간극: 황해도 신천사건〉, 《이화사학연구》 46, 2013.

4 브루스 커밍스, 조행복 옮김, 《브루스 커밍스의 한국전쟁》, 현실문화, 2017, 257쪽.

5 김태우, 《폭격−미 공군의 공중폭격 기록으로 읽는 한국전쟁》, 창비, 2013, 306~307쪽.

6 앞의 책, 312쪽.

7 앞의 책, 323쪽.

8 세르주 브롱베르제 엮음, 정진국 옮김, 《한국전쟁 통신》, 눈빛, 2012, 290쪽.


## 4부

1 소현숙, 〈전쟁고아들이 겪은 전후−1950년대 전쟁고아 실태와 사회적 대책〉, 《한국근현대사연구》 84, 2018, 329~330쪽.

2 《동아일보》 1952. 3. 6.

3 딘 헤스, 이동은 옮김, 《신념의 조인》, 플래닛미디어, 2010, 288~292쪽.

4 이방원, 〈전쟁고아의 어머니 황온순의 아동복지활동〉, 《서울과 역사》 제99호, 2018,

61~63, 71~75쪽.

5 딘 헤스, 앞의 책, 320쪽.

6 이 글을 수정 보완하고 내용을 추가해 《탈진실 시대, 역사부정을 묻는다》(푸른역사, 2020) 3부에 수록한 바 있다.

7 가와다 후미코 지음, 오근영 옮김, 《빨간 기와집: 일본군 위안부가 된 한국 여성 이야 기》, 꿈교출판사, 2014.

8 이임하, 〈한국전쟁과 여성성의 동원〉, 김득중·강성현·이임하·김학재·연정은·후지이 다케시, 《죽엄으로써 나라를 지키자: 1950년대 반공·동원·감시의 시대》, 선인, 2007, 180~181쪽.

9 앞의 책, 182~186쪽.

10 박정미, 〈한국전쟁기 성매매 정책에 관한 연구-'위안소'와 '위안부'를 중심으로〉, 한국 여성학회, 《한국여성학》 27(2), 2011.

11 허재현, "[토요판] 인신매매 당한 뒤 매일 밤 울면서 미군을 받았다," 《한겨레》 2014. 7. 5.

12 《경향신문》 1952. 2. 23.

13 두 글은 백원담·강성현 편, 《열전 속 냉전, 냉전 속 열전: 냉전아시아의 사상심리전》, 진 인진, 2017에 수록돼 있다.

14 김일환·정준영, 〈한국전쟁의 '현장'은 어떻게 냉전 사회과학의 지식으로 전환되는가?〉, 백원담·강성현 편, 앞의 책, 109쪽.

15 정근식·강성현, 앞의 책, 57~61쪽.

16 《동아일보》 1950. 11. 2.

17 김민환·옥창준, 〈냉전의 텍스트화, 텍스트의 냉전화〉, 백원담·강성현 편, 앞의 책, 148쪽.

18 옥창준·김민환, 앞의 글, 153~154쪽.

19 앞의 글, 158쪽.

20 앞의 글, 159쪽.

21 백정숙, 〈전쟁 속의 만화, 만화 속의 냉전: 한국전쟁기 만화와 심리전〉, 백원담·강성현 편, 앞의 책, 174쪽.

# 5부

1  신주백, 〈미군·북한군 같이 타임지 읽던 판문점……한반도 '숨구멍'이었다〉, 《한겨
   레》 2018. 4. 26.

2  정근식·강성현, 앞의 책, 232~233쪽.

3  김재한, 〈판문점, 시공의 정치학〉, 《월간 space》, https://vmspace.com/report/report_
   view.html?base_seq=MTg3(2021년 3월 8일 검색).

4  북측 평화의 파고다는 1969년에 판문각으로 개축되었고, 1985년에는 통일각이 추가
   로 만들어졌다. 남측 구역에는 1989년 평화의 집이 건축되었고, 1998년에 자유의 집
   이 신축되었다. 이걸 높이 경쟁으로 보는 시각도 있다.

5  NARA RG 111-LC-49903 05:17-06:35.

6  파주시·성공회대 동아시아연구소 냉전평화연구센터, 〈파주 DMZ 및 접경지역 국외
   자료 수집과 콘텐츠 활용 종합계획 보고서〉(연구책임자 강성현), 2020, 294쪽.

7  앞 보고서, 292쪽. "1st Eng Bn Comm Diary, Jun 53(d)"(1953.8), NARA RG 127,
   Entry UD-19, Box 32.

8  앞 보고서, 294쪽.

9  앞 보고서, 295~297쪽.

10 김재한, 앞의 글.

11 김동춘, 앞의 책, 2000, 91쪽.

12 서중석·김득중·강성현·이임하·김학재·양정심·연정은, 《전쟁 속의 또 다른 전쟁:
   미군 문서로 본 한국전쟁과 학살》, 선인, 2011, 144~146쪽.

13 파주시·성공회대 냉전평화센터, 앞 보고서, 275쪽.

14 앞 보고서, 276~277쪽.

15 앞 보고서, 277쪽.

16 앞 보고서, 284쪽.

17 이 글은 강성현·최선영, 〈평화사와 공공 역사의 관점으로 본 전쟁기념관〉, 대한민국
   역사박물관, 《현대사와 박물관》 제2권, 2019의 글을 수정했다. 이 책에 이 글을 수정

해 싣는 것을 허락해 준 성공회대 국제문화연구학과 박사과정 최선영에게 감사의 말을 전한다.

18 김동춘, 《전쟁정치-한국정치의 메커니즘과 국가폭력》, 길, 2013.

19 안경화, 〈전쟁의 재구성: 기념관 속의 한국전쟁〉, 《한국 근현대미술사학 제21권》, 한국근현대미술사학회, 2010, 176쪽.

20 전쟁기념관, 《전쟁기념관 건립 20년사》, 전쟁기념관, 2014, 14쪽.

21 김동춘, 앞의 책, 2000, 16쪽.

22 김민환, 〈동아시아 평화기념공원 형성 과정 비교 연구: 오키나와, 타이페이, 제주의 사례를 중심으로〉, 서울대학교 박사학위논문, 2012, 193~195쪽.

23 박노자, 〈일제의 잔혹한 유산, 자폭 이데올로기〉, 《한겨레21》 829호 2010. 9. 28.

## 나오며

1 마르틴 뤼케·이름가르트 췬도르프 지음, 정용숙 옮김, 《공공역사란 무엇인가》, 푸른역사, 2020, 34쪽.

2 이동기, 《현대사 몽타주: 발견과 전복의 역사》, 돌베개, 2018, 355~360쪽.

3 앞의 책, 361쪽. 이동기는 공공역사와 현대사가 만날 때를 상정하고 쓴 것인데, 현대사를 한국전쟁사로 바꾸고 서술상 표현을 조금만 바꿔도 통용될 만큼 통찰력 있는 논의라고 생각한다.

4 맹수용, 〈마음 속 평화의 방벽을 품는 한국전쟁 수업안을 모색하며〉, 《역사와 교육》 19, 2020, 175쪽.

# 찾아보기

# 작은 '한국전쟁'들

2021년 6월 26일 1판 1쇄 발행
2023년 7월 28일 1판 5쇄 발행

| | |
|---|---|
| 지은이 | 강성현 |
| 펴낸이 | 박혜숙 |
| 디자인 | 이보용 |
| 펴낸곳 | 도서출판 푸른역사 |
| | 우) 03044 서울시 종로구 자하문로8길 13 |
| | 전화: 02)720-8921(편집부) 02)720-8920(영업부) |
| | 팩스: 02)720-9887 |
| | 전자우편: 2013history@naver.com |
| | 등록: 1997년 2월 14일 제13-483호 |

ⓒ 강성현, 2023

ISBN   979-11-5612-198-5   03900